孙秀玲 著

一口气读完大清史

（修订版）

长春出版社
全国百佳图书出版单位

图书在版编目(CIP)数据

一口气读完大清史 / 孙秀玲著. — 修订版. — 长春：长春出版社，2023.1
ISBN 978-7-5445-6939-2

Ⅰ.①一… Ⅱ.①孙… Ⅲ.①中国历史-清代-通俗读物 Ⅳ.①K249.09

中国版本图书馆 CIP 数据核字(2022)第 227145 号

一口气读完大清史(修订版)

著　　者　孙秀玲
责任编辑　孙振波
封面设计　楠竹文化

出版发行　长春出版社
总 编 室　0431-88563443
市场营销　0431-88561180
网络营销　0431-88587345
地　　址　吉林省长春市长春大街309号
邮　　编　130041
网　　址　www.cccbs.net

制　　版　佳印图文
印　　刷　吉林省科普印刷有限公司

开　　本　880毫米×1230毫米　1/32
字　　数　170千字
印　　张　8.25
版　　次　2023年1月第1版
印　　次　2023年1月第1次印刷
定　　价　39.80元

版权所有　盗版必究
如有图书质量问题，请联系印厂调换　联系电话：0431-80867799

前　言

清朝是中国最后一个封建王朝。1616年，努尔哈赤在辽宁建立后金政权。1636年，皇太极改国号为"大清"。1644年，李自成农民军推翻明朝统治，清军乘机入关打败农民军。同年，清廷入关，定都北京。之后，逐步统一全国。自努尔哈赤称汗算起，清朝共12帝，历296年。

到18世纪中叶，清朝发展到一个高峰，史称"康雍乾盛世"。到18世纪后期，人口已达到3亿左右。清朝版图最大时达1300多万平方千米，疆域西起巴尔喀什湖和葱岭，东北至鄂霍次克海和库页岛，东至太平洋，包括台湾及其附属岛屿，南达南沙群岛，西南到广西、云南、西藏，包括达拉克，北至漠北和西伯利亚。

柏杨先生在《中国人史纲》中评论清王朝说："清王朝……将近三分之二的皇帝都很能干，了解并努力完成他们的责任，三分之一的也都属中等的才智，像明王朝那样一连串草包恶棍型的君主，清王朝一个也没有。中国还没有一个王朝，包括周王朝、西汉王朝、东汉王朝、唐王朝在内，出现过这么多具有很强能力而又肯辛勤工作的帝王。"

清中叶以后，满族失去了早期那种积极进取、富有朝气的精神，政治腐败、思想僵化、懦弱自卑，社会危机四伏，步履蹒跚地进入衰落时期。为挽救自身命运，清廷也进行了一些改革活动，如洋务运动、戊戌变法等，试图通过自上而下的变革使中国走上富强独立的道路，但是都以失败而告终。1911年，辛亥革命爆发，清朝被推翻，结束了中国2000多年来的封建帝制，中国历史进入一个新的篇章。

本书努力帮助读者朋友们回首中国历史上的最后一个王朝，沿着一条最简要的脉络轻快地浏览近三个世纪的历史波澜，感怀旧事，鉴往知来。

翻过这一页，后面为您展开的便是清王朝的历史画卷，近300年的悲欢离合、是非功过将再一次跃然纸上，为您生动鲜活地重新上演。批评、指正，全都欢迎。谨祝您阅读愉快！

目　录

风云起处话女真　　　　　　　／ 001
自古英雄出少年　　　　　　　／ 005
统一女真　　　　　　　　　　／ 011
建立后金政权　　　　　　　　／ 016
一将功成万骨枯　　　　　　　／ 019
大清国问世　　　　　　　　　／ 026
得陇望蜀　　　　　　　　　　／ 031
清军入关　　　　　　　　　　／ 038
顺治临朝　　　　　　　　　　／ 045
郑成功收复台湾　　　　　　　／ 051
鳌拜专权　　　　　　　　　　／ 056
平定三藩　　　　　　　　　　／ 062

施琅统一台湾	/ 069
抗击沙俄侵略	/ 073
康熙亲征噶尔丹	/ 077
太平盛世有源流	/ 082
雍正王朝	/ 089
乾隆时代	/ 099
边疆战事	/ 107
两讨大小金川	/ 112
统治西藏	/ 116
盛世难继	/ 121
扳倒和珅	/ 126
白莲教起义	/ 131
道光时代	/ 136
鸦片祸国	/ 141
第一次鸦片战争	/ 145
鸦片战争后遗症	/ 152
内忧外患咸丰朝	/ 157
太平天国运动失败	/ 166
第二次鸦片战争	/ 173
辛酉政变	/ 180
同治中兴	/ 186
短命皇帝	/ 193

慈禧二度垂帘 / 198
左宗棠收复新疆 / 202
中法战争 / 206
甲午战争 / 212
帝后党争 / 219
维新变法 / 222
义和团运动 / 228
八国联军入侵 / 232
清末新政 / 238
宪政改革 / 242
武昌起义 / 246
清王朝灭亡 / 251

郁孤台下清江水，中间多少行人泪！

西北望长安，可怜无数山！

青山遮不住，毕竟东流去。

——〔南宋〕辛弃疾《菩萨蛮·书江西造口壁》

风云起处话女真

  清朝是我国历史上最后一个封建王朝，而建立和把持其政权的是我国北方的一个少数民族——满族。

  距今大约 5000 多年前，在我国黑龙江以北，生活着一群以游猎、捕鱼为生的少数民族，这些质朴的先民就是满族的前身——女真族。那时，这个古老的民族被称为"肃慎"。之后，从汉代到魏晋南北朝，从隋朝到辽金，从大唐、两宋，再到元、明，朝代更迭、历史流变，阅历千载，这个民族也经历了从肃慎、挹娄、勿吉、靺鞨再到女真的更名历程。当然，在这漫长的时光之旅中，女真族所更迭的远不止是名称。从辽代兴起到金代的壮大，从元朝的没落再到明朝时期兴起，早在清朝建立之前，女真人已经见惯了历史的沧海桑田。

  明朝初叶，女真族按社会发展程度和居住地区分为三大部：居住在牡丹江、绥芬河流域及长白山北部一带的称为"建州女真"；活动在东连建州女真、西临蒙古、南到开原（今辽宁省开原市）、北至松花江一带的是"海西女真"；生活在黑龙江两岸和乌苏里江流域及库页岛的则被称作"野人女真"或"东海女真"。

建州地区的女真族，早在元朝时就分编为五个组群，每个组群以"万户"命名。到明朝初期，仍然强大的是"胡里改万户"和"斡朵里万户"。

明朝取代元朝之后，为了加强对东北边疆地区的统治，在女真族居住地建立了一种叫"卫"的政府机构，既行使军事职权，又管理地方的行政事务。"卫"的政府官员由明朝廷任命地方的部落头领担任，并可世袭，官职按级别分为指挥同知、指挥使、都指挥使、都督佥事、都督同知等。

永乐元年（1403），明朝廷在建州设立了"建州卫"，任命"胡里改万户"的首领阿哈出为指挥使。9年后的1412年，明政府又设立了"建州左卫"，任命"斡朵里万户"的头人猛哥帖木儿为指挥使。此人便是清太祖努尔哈赤的六世祖。

当时，女真各部社会经济发展很不平衡，相互之间冲突不断。建州左卫的猛哥帖木儿因不堪野人女真的侵袭，带领族人向南迁移，途中与野人女真作战、身亡。之后，其弟凡察与其子董山率部继续迁移。到1442年，建州女真相继迁移到苏子河畔（今辽宁省新宾满族自治县永陵镇南苏子河畔），重新聚集。在建州女真南迁的同时，海西女真也不断南徙，散居在开原以北。

正统七年（1442），建州左卫发生叔侄争权。于是，明朝从建州左卫中分设出建州右卫,任命猛哥帖木儿的弟弟凡察为都督同知,猛哥帖木儿的儿子董山则出任建州左卫的都督同知。"建州三卫"也由此得名。

最初,女真族的经济生活均以狩猎、捕鱼为主,他们将采集的人参、猎取的貂皮贡奉明朝廷,并与汉人在集市自由交换生活用品。海西女真和建州女真在南迁的过程中,与汉人先进文化的接触增加,其社会经济也得到迅速发展,畜牧业和农业逐渐兴起。加之土地肥沃、资源丰富,青山绿水、雨量丰沛的丘陵地带非常适宜农耕,到16世纪后期,除野人女真依然是原始的渔猎经济之外,建州女真和海西女真已经步入农耕社会。农业的发展促进了手工业的进步,商品交换日渐频繁,更推动了女真族与汉族之间的交流与联系。

女真族势力增强,让明朝不安。但是,女真各部之间长期混战之势,对明朝又不构成威胁。所谓鹬蚌相争,渔翁得利。明朝以镇压或招抚的方法控制着女真族,使其各自独立、相互牵制。

16世纪末,征战不休的女真族已经分裂为诸多小部落,但仍可大致分为四大部——"建州五部""长白山三部""扈伦四部"和"东海三部"。"建州五部"分别是:哲陈部(今辽宁省苏子河与浑河合流处)、浑河部(今辽宁省浑河北岸)、苏克苏浒河部(今辽宁省苏子河)、董鄂部(今辽宁省桓仁满族自治县附近)、完颜部(今吉林省通化以南);"长白山三部"分别是:朱舍里部(今吉林省临江市以北)、讷殷部(今吉林省抚松县东南)、鸭绿江部（今吉林省集安市）。"扈伦四部"分别是：哈达部（今辽宁省清河流域）、叶赫部（今吉林省四平市）、乌拉部（今吉林省伊通满族自治县）、辉发部（今吉林省桦甸市）。"东海三部"分别是：窝集部（今黑龙江省宁安市东北）、瓦尔喀部（今吉林省延吉以北）、虎尔哈部（今黑龙江中游、牡丹江下游一带）。其中，建州五部和长白山三部，就是过去的建州女真；扈伦四部就是过去的海西女真；而东海三部则是过去的野人女真和其他少数民族。

各自为王的女真诸部虽然长期不和，但是对于明军的镇压均蓄积着不满，起兵反明之事时有发生。随着时间的推移，各方势力之间的矛盾也日渐激化。

滚滚长江东逝水,浪花淘尽英雄。

是非成败转头空。

青山依旧在,几度夕阳红。

白发渔樵江渚上,惯看秋月春风。

一壶浊酒喜相逢,

古今多少事,都付笑谈中。

——〔明〕杨慎《临江仙·滚滚长江东逝水》

自古英雄出少年

地处边陲的女真族,诸部纷争不断,外部形势也压力重重。西有蒙古的进犯,南有朝鲜王国的拉拢,还有强大的明朝,为了保持边疆的安定,对女真族采取以招抚为主的政策。而女真部落则根据自身的利益徘徊在明朝与朝鲜王国之间,有时也与蒙古联手进犯辽东地区。明朝也就时不时地出兵剿之。

对于女真问题,明朝一直没有找到更好的解决方法。时间推移到明朝万历年间,万历二年(1574),发生了一场明军出剿女真部落的战争,从此埋下一颗影响后世的仇恨种子。

战事起因是建州卫都指挥使王杲起兵反叛,被明朝辽东总兵李成梁剿杀。王杲的儿子阿太决定继续父亲的反叛之路,与明军抗争到底。李成梁也决心将其铲除，准备彻底毁灭其根据地——古勒城。

消息传出后，建州左卫都指挥使觉昌安坐立不安，因为阿太是他的孙女婿。觉昌安带着儿子——建州左卫指挥使塔克世和24岁的孙子努尔哈赤前往古勒城，劝说阿太不要与明朝廷为敌。谁曾想，此去竟是这祖孙三代的最后一次聚首。

据说，当觉昌安等人正在古勒城内劝说阿太时，建州苏克苏浒部的图伦城主尼堪外兰引领李成梁的明军冲入了古勒城，战事随即爆发。混战中，努尔哈赤的祖父觉昌安和父亲塔克世被明军误杀，努尔哈赤死里逃生。两位至亲的遇难，对于10岁就丧母的努尔哈赤来说，无疑是雪上加霜般的沉重打击。

努尔哈赤完整的姓名叫作爱新觉罗·努尔哈赤，明嘉靖三十八年（1559）生于建州左卫苏克苏浒部的赫图阿拉城（今辽宁省新宾满族自治县）。父亲塔克世是建州左卫指挥使，母亲喜塔拉氏是建州卫都指挥使王杲的长女。努尔哈赤自幼聪敏机智、健壮有力，从小练习骑射，一身的好武艺，很受父母的喜爱。

10岁那年，努尔哈赤的幸福童年随着母亲的去世而终止。由于父亲对继母宠爱有加，对于努尔哈赤和弟、妹三人的关注越来越少，兄妹三人从此便生活在继母的冷眼中，失去家庭温暖的努尔哈赤也逐渐养成少言寡欢的性格。后来，努尔哈赤带着弟弟舒尔哈齐投奔外祖父，来到建州卫都指挥使王杲处，开始新的生活。

身处乱世，安定生活谈何容易。明万历二年（1574），由于王杲常常起兵扰边、滋事，明朝辽东总兵李成梁决定率兵讨伐王杲。就在那一年，16岁的努尔哈赤与10岁的弟弟舒尔哈齐在战乱中被当成王杲的"家奴"，成了李成梁军队的俘虏；此后，努尔哈赤又开始了一种离奇的战俘生活。作为俘虏，努尔哈赤在明军中服务，他的机智和英勇得到了常来巡视的李成梁的欣赏，甚至被其视为养子。在李军中生活期间，努尔哈赤也跟随李成梁出征，"每战必先登，屡立战功，成梁厚待之"。通过实战历练，努尔哈赤逐渐成长为足智多谋、英勇善战的将才。

但是，李军终归不是家，无论李成梁如何关爱，始终无法解开努尔哈赤的心结，那就是外祖父的死。当年，李成梁攻打王杲时，王杲及家属27人逃到女真哈达部避难，却被哈达部的头领王台恭出卖，押送给李成梁，结果，王杲被明朝廷处死。因此，在李军中生活大概三年之后，努尔哈赤脱离李成梁，回到建州。

同年，19岁的努尔哈赤娶妻成家、自立门户。为了生活，他打猎、挖人参、摘松子、采蘑菇，拿到抚顺马市去换取生活用品。当时，抚顺的马市是女真人同明朝汉人进行交易的最大市场，各地商人云集此地。在这里，努尔哈赤广交四方人士，也学会了汉文，他喜欢读书，《三国演义》和《水浒传》是他最喜欢的小说。生活的磨难和眼界的开阔，为努尔哈赤日后成就大业打下了必要的根基。

人生总是充满了意外。就在努尔哈赤满怀希望面对生活之时，祖父和父亲竟突然离去。为了安抚努尔哈赤，明朝廷为其祖父和父亲的冤死平反，同时给了他30匹马和30道敕书[①]，并让他承袭了建州左卫都指挥使之职。然而，这一切并不能平息努尔哈赤的复仇之火，他决心为二老报仇。为了早日与明朝清算这笔血账，努尔哈赤压制着心头的怒火，开始积攒抗衡明军的实力。而明朝给予的补偿，无疑是给放虎归山的努尔哈赤送来了复仇资本，于是，努尔哈赤开始有步骤地实施复仇计划，首先将战火烧向尼堪外兰。

万历十一年（1583），24岁的努尔哈赤利用祖父和父亲留下的十三副兵甲，拉起了一支八九十人的队伍，起兵攻打尼堪外兰的图伦城。努尔哈赤的突然来袭，令尼堪外兰惊慌失措、弃城而逃，图伦城被轻易攻克。努尔哈赤就此以追杀仇人尼堪外兰为借口，开始一路征讨，踏上了一条最终统一女真各部的征途。

其实，论人力、马力和财力，努尔哈赤是当时建州女真中实力最弱小的一支。最初招兵买马非常困难，后来，努尔哈赤凭借人格魅力吸引了来自苏克苏浒河部的三位城主：萨尔浒城主诺米纳，嘉木瑚城主噶哈善哈思虎，沾河城主常书。有了三位城主的

[①] 敕书，即皇帝任官封爵和告诫臣僚的文书。也是明朝廷颁发给境外部族首领的"委任"文书。由于北方的蒙古部落和东北的女真部落都是游牧民族，流动性大，信息沟通困难，大约从明洪武十五年（1382）起，明廷就对他们施以"赐印""颁敕"政策，即册封其部落统领的少数民族自治政策。女真各部势力的大小，往往与敕书的多少有关。敕书多标志着财富多、实力强；敕书少则财富少、实力弱。

加盟，努尔哈赤信心大增，他与三位城主盟誓，并把妹妹嫁给了噶哈善哈思虎。攻克图伦城之后，努尔哈赤夺取了尼堪外兰的所有财力和兵力，名下顿时拥有了数百副甲胄、上千人口、上万头牲口和几座城池。

此后，努尔哈赤以追杀尼堪外兰为名四处征讨，只要听说尼堪外兰在哪里，他就打到哪里。万历十四年（1586），努尔哈赤攻克鄂勒珲城（今齐齐哈尔附近），终于杀了尼堪外兰。经过三年的征战，努尔哈赤所到之处全部归服。这时，他已经控制了建州五部的三个部，即董鄂部、浑河部和苏克苏浒河部。

在征战中，努尔哈赤总能冷静地分析形势，充分发挥军事才能，并且身先士卒、果敢刚毅，常常以少击众，大获全胜。

在进攻完颜部的翁克洛城时，努尔哈赤登上一座房顶，向城内连发数箭，射中守城的七八个兵卒。这时，对方一位叫鄂尔果尼的名射手瞄准努尔哈赤，一箭射中了他。血流不止的努尔哈赤仍然继续拉弓开箭，不下战场。随后，对方另一位叫洛科的射手，一箭射穿努尔哈赤的护颈锁子甲，直刺进脖子。努尔哈赤忍着剧痛，举手拔箭，箭头上的小钩连皮带肉一起被扯出，血流如注。为了不影响士气，努尔哈赤忍住剧痛，自己慢慢地从屋顶下来，随后陷入休克、昏迷。经过数日调养，他很快又恢复如常。翁克洛城被攻克之后，那两位射伤努尔哈赤的射手被俘，众人都认为这两人该杀。努尔哈赤却称他们为勇士，收服了这两位猛将，并授予他们佐领官职。

凭借非凡的胸襟和胆魄，努尔哈赤在之后的两年中又征服了哲陈部和完颜部，统一了建州女真，积蓄了强大的兵势。不过，他深知自己的羽翼尚未丰满，对待明朝始终表现得十分恭顺，而明朝对其所作所为也不加干涉，甚至在努尔哈赤统一建州女真之后，还于万历十七年（1589）任命他为建州卫都督佥事，万历十九年（1591）又提升他为建州左都督，同年，长白山三部之一的鸭绿江部也被他征服。

　　努尔哈赤杀死尼堪外兰之后，明朝为了抚慰他，以了结其父亲和祖父被杀之事，决定每年发给他白银800两，蟒缎15匹，作为例赏。同时，努尔哈赤还掌握了建州500道敕书，独占了贡赏之路，并控制着建州所有部落的狩猎、牧养和采集的货源，以及互市①交易权。当时建州的互市地有抚顺、清河、宽甸、瑗阳四处马市，仅抚顺一市，努尔哈赤在每年的交易中，获得貂、参之利就不下数万两白银。再加上市赏、贡赏、车价等，总计多达十几万两白银。几年之后，建州便出现了相当殷实的局面，为努尔哈赤进一步兴兵征伐奠定了坚实的经济基础。

---

　　①　民间集市。

回乐峰前沙似雪,受降城外月如霜。

不知何处吹芦管,一夜征人尽望乡。

——〔唐〕李益《夜上受降城闻笛》

统一女真

虽然征服了建州的女真各部,但是,努尔哈赤的实力仍不能抗衡女真三部之一的扈伦四部。扈伦四部中最强大的是叶赫部,而叶赫部在政治上没有得到明朝的信任,明朝一直扶持实力较弱的哈达部担任扈伦四部的盟主。叶赫部不甘心,希望能从哈达部手中夺走盟主地位。努尔哈赤崛起后,叶赫部找到了夺取盟主地位的机会——自认为只要降服努尔哈赤,就能迅速扩大势力,顺理成章地成为建州的女真盟主。

打定如意算盘,叶赫头领那林孛罗派人前往建州,要求努尔哈赤割让领地,归顺叶赫部,否则将出兵消灭建州。那林孛罗的提议遭到努尔哈赤的强硬拒绝。

万历二十一年(1593),那林孛罗决定武力征服努尔哈赤。他纠集扈伦四部,说服蒙古的科尔沁、锡伯、卦勒察三部,以及长白山的朱舍里部和讷殷部,组成九部联军3万人,兵分三路向建州挺进,攻打努尔哈赤。

九部联军来袭的消息令建州女真族人恐慌不安，努尔哈赤却临危不惧，沉着应对。他先派出侦察员侦察各联军的兵力情况，积极设防，准备迎战。努尔哈赤的兵力远不及九部联军，但是，建州是努尔哈赤的地盘，对这里的每一处地形他都了如指掌。凭借久经沙场的经验，努尔哈赤认为，联军虽然人数众多但是心气不齐，一遇困难，必将退缩不前。对自己的军队，努尔哈赤却是信心百倍，相信自己训练有素的精兵强将定能胜出。他决定据险应战、诱敌入瓮，集中优势兵力、以少胜多。为了保证兵力的机动灵活性，努尔哈赤让将士们解去手臂上的蔽手、脖子上的护项，轻装上阵。

一切准备就绪，只等敌人来犯。

九部联军进入建州之后，首先攻打建州的三道关之一——扎喀关。此处地势险要，易守难攻，努尔哈赤安排了重兵把守，联军攻城两天两夜未果，锐气顿挫。攻不下扎喀关，联军便掉头去进攻另一处要地——黑济格城，并在城外安营扎寨。

努尔哈赤见机行事，派出猛将额亦都率领精骑百人前去挑战。叶赫部的那林孛罗和布斋兄弟二人统帅九部联军的主力，眼见来兵甚少，便蜂拥而上。战斗几个回合之后，额亦都拨转马头，佯装败阵而走。联军不知是计，尾随至古勒山下。努尔哈赤已在此布下伏兵，利用古勒山三面壁立、居高临下的险要地形，展开了伏击战。

布斋率兵在前，扬鞭策马向古勒山坡上冲过来。努尔哈赤一声令下，滚木雷石从天而降，布斋的马被滚木撞倒，不待爬起，他便被额亦都的部将吴谈刺死。布斋一死，联军大乱；那林孛罗眼见兄弟被杀，痛哭失声。联军各部首领也被突如其来的伏兵吓得乱了阵脚，群龙无首、乱作一团，士兵们无心应战、四散而逃。努尔哈赤乘胜追击，大获全胜。这场战役，联军死亡4000人，叶赫部首领布斋阵亡，乌拉部首领布占泰被俘，努尔哈赤共缴获战马3000匹，铠甲1000副。

古勒山之战失利，九部联军损失惨重，叶赫在扈伦四部中的地位也一落千丈。努尔哈赤则威名四震，一些小部落纷纷表示归顺，建州部士气大涨。努尔哈赤趁热打铁，先后征服了朱舍里部和讷殷部，吞并了长白山三部。

万历二十三年（1595），在努尔哈赤连连获胜之际，明朝廷锦上添花，表彰他稳定边疆有功，封他为"龙虎将军"。明朝廷的首肯使努尔哈赤更为春风得意。

蒙古的科尔沁部虽然参与了九部联盟攻打建州的行动，但是，努尔哈赤不计前嫌，主动与之修好，积极推进与蒙古联合的政策，笼络了科尔沁部，并带动蒙古的扎鲁特部归附，为日后统一女真赢得了帮手。

随后，努尔哈赤将目光锁定了扈伦四部和东海三部。扈伦四部实力雄厚，要想征服并非易事。而东海三部实力相对较弱，却人口众多，夺取东海女真既可以充实兵员，又能得到丰富的劳动力。因此，各方势力都对东海女真心存觊觎。对努尔哈赤来说，要进兵东海三部，必须借道扈伦四部的辉发部。

九部联盟大败之后，扈伦四部领教了努尔哈赤的厉害，为了暂时避免与建州发生冲突，纷纷向努尔哈赤示好。其中，叶赫、乌拉均与努尔哈赤结盟联姻。叶赫的布斋之子布扬武，把妹妹许配给努尔哈赤为妃；那林孛罗的弟弟把女儿嫁给努尔哈赤的次子代善为妻。乌拉部也进行了联姻，努尔哈赤与弟弟舒尔哈齐分别娶了布占泰的侄女和妹妹。由此，拉近了乌拉与建州的关系，也为分裂扈伦四部做好了准备。就这样，对于扈伦四部，努尔哈赤采取联姻分化的战略，先攻打相对弱小的哈达部和辉发部，再取道征讨东海三部，最终完全收编扈伦四部。

但这是一个漫长的历程，努尔哈赤用了近20年的时间才实现整个战略。

万历二十七年（1599），努尔哈赤乘哈达与叶赫不和之机，消灭了哈达。而辉发部内部也一直矛盾重重，两派势力相争，其中一派投靠叶赫，另一派的拜音达理则以联姻方式投靠建州。但是，拜音达理对于答应建州的婚事一拖再拖，缺乏诚意。万历三十五年（1607），努尔哈赤一怒之下，挥师消灭了辉发部。

同年，东海部的瓦尔喀部斐优城（今吉林珲春附近）的首领穆特赫不堪乌拉部布占泰的骚扰，决定投靠努尔哈赤。于是，努尔哈赤派弟弟舒尔哈齐、长子褚英、次子代善率兵3000前往迎接，谁知途中在图们江之乌碣岩兵遭遇了乌拉部布占泰的拦截部队。结果，乌拉大败，损失士兵3000人，战马5000匹，盔甲

3000副。

  此战之后，乌拉一蹶不振。而努尔哈赤却就此打开了通往东海各部的大门，开始了新一轮的武力征服。他先征服了东海的瓦尔喀部，万历三十七年（1609），又攻占了窝集部的瑚叶部。万历三十八年（1610），接连吞并窝集部的那木都鲁、绥芬、宁古塔、尼马察等四部。之后征服的是散居在乌苏里江和松花江下游的包括赫哲、费雅喀等族在内的使犬部，以及外兴安岭以南、乌第河和亨滚河流域的包括鄂温克、鄂伦春等族在内的使鹿部。征战一直持续到万历四十七年（1619），东海女真绝大部分均被努尔哈赤所控制。其间，努尔哈赤于万历四十一年（1613）正月出兵消灭乌拉，乌拉贝勒布占泰逃往叶赫。努尔哈赤多次索取，叶赫置之不理。九月，努尔哈赤率军4万进攻叶赫，攻下7城、19处村寨凯旋。由于明朝出兵支持叶赫，努尔哈赤未能征服叶赫。但是，努尔哈赤不急不躁，等待着新的时机。

> 人事有代谢，往来成古今。
> 江山留胜迹，我辈复登临。
> 水落鱼梁浅，天寒梦泽深。
> 羊公碑尚在，读罢泪沾襟。
>
> ——〔唐〕孟浩然《与诸子登岘山》

建立后金政权

努尔哈赤统一女真的大业顺利向前推进时，建州的政权统治却出现了危机。

首先是努尔哈赤与弟弟舒尔阿齐发生了冲突。万历三十七年（1609），舒尔阿齐企图率兵出走，被努尔哈赤及时发现并扣留，抄没全部家产，涉案主谋均被处死。

弹压了兄弟之争，努尔哈赤父子之间的矛盾又激化起来。弟弟舒尔阿齐出事后，努尔哈赤的希望都寄托到了长子褚英身上。不料，褚英权欲熏心，急于接手努尔哈赤的权杖，竟然图谋篡位夺权。万历四十一年（1613），努尔哈赤下令逮捕褚英，并于两年后将其诛杀。

清除了内部分裂势力之后，建州政权高度集中，努尔哈赤完成统一女真大业的宏图有了保障。为了加强统治和适应社会发展的需要，努尔哈赤在不断扩张的过程中，逐渐建立了一套集军事、政治、生产功能于一体的八旗制度。旗是一种人事编制，为了容易分辨，各股人马以不同的旗帜颜色相区分。最初只有黄、白、红、蓝四色旗。后来随着队伍的不断壮大，逐步增设了镶黄、镶白、镶红、镶蓝四旗，黄、白、蓝旗均镶红边，红旗镶白边，合为八旗。

八旗之间各自独立，不相统属，分别对八旗的最高统帅努尔哈赤负责。努尔哈赤直辖两黄旗，共65个牛录，同时保有一支禁卫军性质的直属精锐部队5000余骑。其他各旗旗主除统领旗下人马之外，各自也拥有人数不等的精锐卫队。这些旗主是：努尔哈赤次子代善，领两红旗，共51个牛录；努尔哈赤八子皇太极，领镶白旗，20个牛录；努尔哈赤侄子阿敏，领镶蓝旗，33个牛录；努尔哈赤长孙杜度，领正白旗，18个牛录；努尔哈赤五子莽古尔泰，领正蓝旗，21个牛录。

"牛录"是旗的基层单位。最初一个"牛录"编有300人，到万历四十一年（1613），每个"牛录"的人数增加到400人左右。每个"牛录"设有一位头领；每5个"牛录"合编为一个上级单位"甲喇"，设一位首领；每5个"甲喇"再合编为一个上级单位"固山"，"固山"的首领就是"旗主"，配备副职2人。

八旗的建立，使女真人变成了一个整体，被统称为"旗人"。"旗人"在旗主的统治下，享有获得土地、奴仆、牲畜和财产的权力。平时作为百姓从事生产活动，战时承担征战的义务。各旗主与属下旗员、兵丁的统属关系十分严格——"属人对旗主有君臣之分"。旗下官员及旗民有事，必须向本旗主报告，得到允许后方可行动。

在八旗的基础上，努尔哈赤又设立了最高的政治中枢机构——"议政王大臣会议"。朝政要事由八旗旗主及大臣共同议定。这种政治体制，具有权力分散的特点。

为了便利公文往来、促进社会发展，万历二十七年（1599），努尔哈赤责令额尔德尼、噶盖创制新文字。这两人便在蒙古文的基础上，以蒙古文的字母与女真语的发音拼成了新的文字，也就是"满文"。由于字形和蒙古字十分相似，这种新文字被后人称为"老满文"，也叫"无圈点满文"。1632年，皇太极当政时，又令儒臣达海巴克什进行了改进，加上了圈点，进一步完善了满文。

到万历四十四年（1616），努尔哈赤基本上统一了女真各部。历经30多年的征战杀伐，当年以13副遗甲起兵的无名小辈，发展成握有精兵六七万人的统领，势力范围东至辽宁，西至蒙古，北抵嫩江，南到鸭绿江。

随着军事、政治和经济力量的日益强大，努尔哈赤另立国号的时机已经成熟。万历四十四年（1616）正月初一，在各旗主的拥护下，努尔哈赤在赫图阿喇（今辽宁省新宾满族自治县永陵镇）即位称汗，定国号大金，年号天命。自此，一个奴隶主阶级的政权在中国东北地区建立。为了与历史上早期的金朝区别开来，史称"后金"。

千古兴亡多少事？

悠悠！

不尽长江滚滚流。

年少万兜鍪，

坐断东南战未休。

天下英雄谁敌手？

——〔南宋〕辛弃疾《南乡子·登京口北固亭有怀》

一将功成万骨枯

努尔哈赤统一女真各部，建立后金政权的壮举，令明朝廷感到震撼和不安。为了抑制努尔哈赤的扩张，从万历三十六年（1608）起，明朝廷停止了建州的朝贡，次年又关闭了马市，开始对努尔哈赤实施经济封锁。并且明令禁止汉人进入女真地区。明朝廷的这一举措，使建州特产失去了主要的销售途径；随后的两年里，仅人参一项就因为无处可售而腐烂了十几万斤。同时，明朝廷支持叶赫与努尔哈赤对抗到底，阻碍其统一女真的目标。

天命三年（1618），羽翼已丰的努尔哈赤决定主动出击，与明朝一决高下。四月十三日，努尔哈赤发布"七大恨"①宣言书，开始起兵反明。

进攻的第一个目标是抚顺城。努尔哈赤亲率正黄、正红、镶红、镶蓝四旗向抚顺发起突然袭击，一举夺取了抚顺。抚顺的明军守将李永芳，战前毫无防备，临战举城投降。三个月后，努尔哈赤又率八旗兵进攻鸦鹘关，夺取了清河城。天命四年（1619），努尔哈赤转攻叶赫，接连侵占20余寨。叶赫向明军求援，明朝廷这才意识到事态的严重性。匆忙决定调集重兵，打算一举消灭努尔哈赤，由此引发了萨尔浒之战（今辽宁抚顺东）。

明朝廷指派兵部侍郎杨镐亲自担任"辽东经略"，任命杜松、李如柏、刘綎等为副帅，再从福建、浙江、四川、甘肃等地调集兵力8.8万人，从朝鲜征调1.3万人，组成10万大军，云集辽沈。为了扩大声势，号称47万大军。

经过策划，杨镐与众将决定分四路进军，合击集结于赫图阿拉的努尔哈赤。其中，总兵杜松率领西路军为主力，从沈阳经抚顺关出征；总兵李如柏率领南路军，从清河经鸦鹘关出征；总兵

---

① 七大恨：一、明朝无故杀害努尔哈赤父、祖；二、明朝偏袒叶赫、哈达，欺压建州；三、明朝无视双方划定的边界，指责建州杀害出边采人参、挖矿的汉人，强令努尔哈赤抵偿所杀越境人命；四、明朝派兵保卫叶赫，抵抗建州；五、叶赫凭借明朝的支持，背弃婚誓，将其女转嫁蒙古；六、明朝逼迫努尔哈赤退出已垦种之柴河、三岔、抚安土地，不许收获庄稼；七、明朝辽东当局派遣守备萧伯芝赴建州，作威作福。

马林统率北路军及叶赫部，从清安堡经三岔口出发；总兵刘綎带领东路军和朝鲜兵，从宽甸出发。杨镐则坐镇沈阳，指挥全局。

针对明军的战术，努尔哈赤毫不示弱，决定集中兵力，采取利用时间差逐个击破的方针，用他的话说，就是"凭尔几路来，我只一路去"。明军总数有十几万人，而努尔哈赤只有6万兵力。但是，明军兵分四路来袭，每路的人数都少于努尔哈赤的总兵力，而且，只有南路军的路线平坦，其他三路军必须翻山越岭。四路军要想同时赶到战场、实现分进合击的战略，谈何容易？因此，努尔哈赤镇定自若，决定先从明军的西路军下手。

天命四年（1619）四月，冬末初春的东北仍然寒风嗖嗖，群山依然覆盖着厚厚的白雪。从南方各地征调来的明军，还没适应这种冷得让人缩手缩脚的气候，就踏上了讨伐努尔哈赤的征程。四月十三日，杜松率领的西路军3万明军通过抚顺关，第二天抵达萨尔浒山口，接着兵分两路，一半留在萨尔浒扎营，另一半由杜松亲自带队攻打后金的界藩城（今辽宁新宾西北）。

此时，努尔哈赤亲率八旗6万大军已到界藩城以东，磨刀霍霍，以逸待劳，见杜松分散兵力甚是欢喜。努尔哈赤派出代善、皇太极带领两旗兵马迎战杜松，自己带领六旗兵马直捣留在萨尔浒的明军大营。努尔哈赤以2倍以上的优势兵力突然来袭，明军以远道而来的疲惫之师仓促应战，根本不是对手，结果不难想象，杜松战死，努尔哈赤首战大捷。

西线战事得胜，努尔哈赤乘胜北上，再次攥起铁拳，集中兵马阻击马林的北路军和叶赫兵。四月十四日，北路军已出三岔口，分散驻扎于富勒哈山的尚间崖、斐芬山和斡辉鄂模。十五日，努尔哈赤率领八旗大军赶到斡辉鄂模，以雷霆万钧之势扫荡明军营垒，兵锋所到，逐个消灭。总兵马林仓皇逃命，奔回开原，叶赫兵也一哄而散，逃命回家。就这样，北路明军被八旗兵一击而溃。

在攻打北路军的同时，努尔哈赤的留守军且战且退地阻延明朝东路军的进军速度。阻击果然有效，四月十日刘綎就带队出发，一路的雪山本来就延缓了行军进程，再加上后金留守兵的阻挠，刘綎军队十六日才抵达阿布达里冈。而此时，努尔哈赤的八旗大军已经取得西、北两线的胜利，由扈尔汉、代善、阿敏和皇太极率领的3万先头部队已经马不停蹄地回奔东路。并隐伏在山中，只等刘綎的军队到来。东路军像赴约会一样，一路烧杀而来，在连破旗兵几个营寨后奔向后金的伏兵地，忽然间，杀声四起，震动山谷。刘綎虽然勇敢应战，最终还是战死在沙场，全军覆灭。而跟随其后的朝鲜兵，也全军投降。

坐镇沈阳的杨镐得知三军覆灭，惊得目瞪口呆。急令李如柏撤军，南路明军这才免于一场灾难，得以存留。

短短5天之内，努尔哈赤的八旗大军连破三路明军，创造了中国军事史上以少胜多的典型战例。在这场战役中，后金兵歼灭明军约5万人，缴获大量军用物资，令已经暮气沉沉的明朝元气大伤。

萨尔浒之战，是明朝与后金争夺辽东的关键一战。对于努尔哈赤来说，明军是最大的对手，这一战的胜利极大地鼓舞了努尔哈赤继续扩张的决心。此后，努尔哈赤对明朝步步紧逼，相继夺取开原、铁岭，攻灭叶赫，辽东地区陷入一片战乱之中。

明朝大败之后，调用熊廷弼为辽东经略，令其收复失地。熊廷弼上任后加强了防御措施，暂时阻止了努尔哈赤的攻势。但是不久，熊廷弼被不懂军事的袁应泰替换，努尔哈赤决定再次出击。天命六年（1621）三月，努尔哈赤率领八旗大军，接连攻占了辽东重要据点沈阳和辽阳，随后席卷了辽河以东的镇江、海州、耀州等70余城。

跟随着努尔哈赤的扩张脚步，后金民众纷纷迁入富裕辽阔的辽沈地区，接触新征服的地区较先进的生产方式，后金的奴隶制社会也逐渐迈入封建农奴制社会。

"后金"政权的建立令明朝统治者如坐针毡，也使得生活在东北地区的汉人从此不得安宁。

天命六年（1621）七月，努尔哈赤攻陷沈阳和辽阳之后，颁布了《计丁授田令》，将辽沈地区约30亿日（1日约为5亩）的闲废土地分给了后金的士兵。每人分得6日土地，规定其中5日种粮，1日种棉。同时，还规定在平常日子里每3个人需要种植官田1日，每20人中有1人服兵役，1人服徭役。此后，八旗士兵的生活费和军事装备的费用，均取之于农民的土地收入。

对于当地的汉人则规定，留在原地的仍可以继续耕种原来的土地，那些因战乱而四处逃亡的汉人则没有田地可分。并要求新征服土地上的汉人接纳女真人，与女真人同吃、同住、同生产。但是，作为征服者的女真人完全不顾忌什么先来后到，一味地需索、霸占，导致民族冲突不断发生。不久，辽沈一带爆发了汉人的反抗、暴动事件。努尔哈赤下令对反抗者和读书识字的汉人进行残酷的镇压和屠杀。

镇压后，努尔哈赤对残存的汉民进行了编制，每13个壮丁编分为一庄，分给女真人作为私人财产使用，为其耕地、服役。这些汉民没有人身自由、生死由女真奴隶主掌控；只是给每个男丁分一些口粮田，自种自收，维持生计。但随着生产力的发展，其收获物在上缴之外，也开始有了剩余。

为了加强对新占领区的统治，天命十年（1625）三月，努尔哈赤把都城迁到沈阳，改称"盛京"。稍事调整，稳定局面之后，努尔哈赤决定对明朝展开新一轮的攻势。

但是，这一次，努尔哈赤遇到了对手。

天命十一年（1626）正月，努尔哈赤率大军一路西进，明朝廷驻锦州等地的官兵闻风而逃，八旗军长驱直入，连下右屯、大凌河、锦州、小凌河、杏山、连山、塔山、松山等地。但是，抵近宁远（今辽宁兴城）城下时，后金兵锋受到了阻挠。

这里，有明朝文官出身的袁崇焕率2万明军坚守孤城，决心与努尔哈赤一搏到底，坚决不退。努尔哈赤的八旗兵猛攻数日，无功可言。城上，袁崇焕的红衣大炮威力无比，进攻的后金兵频频受挫，努尔哈赤本人也在指挥攻城作战中受伤。宁远城久攻不下导致士气不振，努尔哈赤不得不败兴而归。

同年七月，努尔哈赤身患痈疽，于八月十一日病死，终年68岁。葬于沈阳城东（福陵），大妃乌拉那拉氏及两个庶妃从殉，庙号"太祖"。

岱宗夫如何，齐鲁青未了。

造化钟神秀，阴阳割昏晓。

荡胸生层云，决眦入归鸟。

会当凌绝顶，一览众山小。

——〔唐〕杜甫《望岳》

大清国问世

天命十一年（1626）九月，34 岁的皇太极（1592—1643）登上后金汗位，宣布次年为天聪元年。

爱新觉罗·皇太极是努尔哈赤 16 个儿子中的第八子，在八大贝勒[①]中排名第四，又称四贝勒。皇太极自幼练习骑马射箭，七八岁就已经能够驰骋山林，弯弓射猎，练就了强壮的身体和娴熟的武艺；20 岁起跟着父亲出兵打仗，在大大小小的实战中，逐渐成长为智勇双全、果敢善战的将才。24 岁登上旗主贝勒之位，开始独当一面，掌管一旗。皇太极不仅精通满文，还能阅读汉文，可谓文武双全。他懂事也很早，7 岁时就已经是努尔哈赤打理家政的好帮手，这为他日后执掌一国积累了丰富的管理经验。

---

① 贝勒，皇室爵位，满族贵族的称号。

皇太极即位之后，对父亲的一些统治政策进行了调整。

回首当年，努尔哈赤进占辽东时，大肆杀戮汉人，强迫汉民为奴，激起了汉民的强烈反抗，民族矛盾日益尖锐。皇太极上台后，立即提出"治国之要，莫先安民"的方针。首先，他不再像父亲那样把汉人分给女真人做奴隶，而是将原来的13人一庄缩减为8人一庄，其余5人改为民户，派汉官管理汉户。奴隶仍然存在，但是，数量上逐渐减少，只有一些贵族才拥有一定数量的汉奴。

天聪五年（1631），皇太极颁布《离主条例》，旨在打击和限制贵族特权，加强中央集权。条例规定：奴隶主如犯有私行采猎、擅杀人命、隐匿战利品、奸污属下妇女、冒功滥荐等罪行的，准许奴仆告发。如果奴仆告主情况属实，则可以出户转为农奴或转换新主人。这一条例的颁布实施，不仅有效地控制了贵族们的行为，也为奴隶们争取改变身份地位提供了机会。崇德三年（1638），皇太极又下令解放部分奴隶，推动后金向封建制社会转化。

当时，农业赋税已经成为后金政权的财政基础，而从事农业生产的主要是汉人。为了使汉人安心农业生产，皇太极还颁布法令，命女真人与汉人分屯别居，并为缺少生产工具的汉民提供农具。

为了保障农业生产，皇太极下令停止修建大型土木工程，减少繁杂的壮丁徭役，并鼓励女真人参加农业生产。

对于汉官，皇太极也采取了不同于努尔哈赤的做法。他不排斥汉人为官，还效法明朝开科取士，通过科举制度把有学识、有才能的汉人网罗在自己的旗下，为后金政权服务。

在逐步地放宽汉民政策的同时，皇太极对巩固手中汗权却一刻也没放松。皇太极曾是四大贝勒之一，他即位之初，后金政权仍维持着"议政王大臣会议"制度——四大贝勒轮流值月，共同执掌国政。另外三位贝勒是：大贝勒代善（同父异母哥哥），二贝勒阿敏（舒尔哈齐之子），三贝勒莽古尔泰（同父异母哥哥）。而且，任何好东西都要四人均分，如战利品或礼品等。这种政治体制令皇太极很不痛快，他不甘心只做名义上的一把手，他要提高汗权，抓住一切机会排挤另外三大贝勒。

天聪四年（1630），二贝勒阿敏带兵出战，丢弃了滦州、永平、迁安、遵化四城，大败而归。皇太极借机将其定罪、禁锢起来，削其贝勒名号，夺其家产。阿敏所领镶蓝旗转归阿敏的弟弟济尔哈朗。济尔哈朗从小寄养在努尔哈赤家，与皇太极关系甚密。不久后，阿敏病死。

天聪五年（1631），三贝勒莽古尔泰与皇太极发生口角并拔剑相向，也被皇太极定罪、免职，贬为普通贵族，其所领正蓝旗直接收归皇太极所有。莽古尔泰郁闷难平，气愤而死。

大贝勒代善的境遇稍好一些。天聪九年（1635），皇太极给代善罗列了四条罪状，罚没银两及部分财物；原本就胸无大志的代善相当识趣，俯首称臣，从此对皇太极百依百顺。

解决了三位贝勒分权的问题，皇太极又着手调整八旗的归属格局。皇太极本人是镶白旗的旗主。原属努尔哈赤长孙杜度的正白旗已经交给了皇太极的儿子豪格。但是，这两旗相加也不过40个牛录，其军事实力仍不能与两黄旗相抗衡。

两黄旗的65个牛录原归努尔哈赤直辖，并没有传给皇太极。努尔哈赤在晚年把两黄旗分给了自己的3个小儿子——大妃乌拉那拉氏的3个孩子——多铎（正黄旗旗主）、阿济格和多尔衮（共领镶黄旗，年长的阿济格为旗主）。由于黄旗一直归汗王领管，所以黄色被看成是权力的象征。皇太极即位之后，首先对旗色进行了调换，把两黄旗的旗色变成了白旗，而原来的两白旗的旗色换成了黄旗。

此后，为了驾驭两白旗，皇太极运用离间计、挑拨多尔衮三兄弟的关系。一日，皇太极借口22岁的旗主阿济格未经其允许而擅自给多尔衮说媒，便免掉其旗主之位，任命不到15岁的多尔衮为旗主。多铎虽然也是旗主，却只有13岁，少不更事，在皇太极的笼络下也就逐渐为其效命。

天聪九年（1635），皇太极发布命令，改女真族名为"满洲"[①]；我们今天所熟悉的"满族"一名即为"满洲族"的简称。1636年，皇太极在沈阳大政殿举行即皇帝位的典礼，正式称帝，

[①] 为什么叫"满洲"呢？隋时曾记载称靺鞨有"渠帅曰大莫弗瞒咄"，"瞒咄"亦称"满咄"，是对部落统帅的尊称，使用"满"字是对大首领尊称的延续；"洲"取原来建州后一字，意为皇族爱新觉罗来自建州。字根加水，意为满族水生根源，以志不忘。

改国号"大金"为"大清"①，改年号"天聪"为"崇德"。

早在继承汗位之时，皇太极就已着手国家机构改革。鉴于努尔哈赤制定的八旗制度已经不适应政权发展的需要，天聪五年（1631），皇太极仿效明朝设立了吏、户、礼、兵、刑、工六部。崇德元年（1636），又在六部之外设置了都察院。同年，漠南蒙古诸部均归顺大清。于是，皇太极又设立了"蒙古承政"，负责处理蒙古方面的事务，三年后改为理藩院。

随着幅员和人口的增长，1635—1642年，皇太极在满洲八旗之外分别增设了汉军八旗和蒙古八旗。汉军八旗和蒙古八旗的旗主由皇太极任命；与满族八旗不同，他们的职位不能世袭。据统计，在入关之前，皇太极的24旗总兵力约为12万人。

此外，皇太极也总结了父亲在宁远战败的原因——没有最新式的武器红衣大炮，明白了武器在战争中的重要地位，他决定加强军备建设。天聪五年（1631）正月，在沈阳成功仿制出第一批红衣大炮，定名为"天佑助威大将军"。并在八旗军中新设置了"重军"营，即以操纵火炮等重型兵器装备为主的兵种——炮兵，提高了八旗的作战能力。

---

① 国号为什么由大金改名为大清？史学界对此争论不已。其中有一个传说，说当年努尔哈赤落难的时候，骑了一匹青色的马逃难，因为追兵追得急，努尔哈赤昼夜逃跑，结果把这个大青马累死了，努尔哈赤对着大青马说："大青啊大青，将来我得了天下，我的国号就叫'大清'。"

缚虎容易纵虎难,朕之心事被看穿。

天生此人太厉害,智高于我威逼人。

——潮剧《袁崇焕》

得陇望蜀

在对内强化汗权的同时,皇太极继续实施父亲努尔哈赤的对外扩张战略。

当时,皇太极还没有完成对东海女真所有地区的征服。南部的朝鲜①还是明朝的属国,西部相邻的蒙古察哈尔部也处在明朝的控制下。分析局势之后,皇太极认定:要想对抗明朝,必须首先征服相邻的朝鲜和蒙古察哈尔部。

天聪二年(1628),刚刚即位的皇太极不宣而战,派遣阿敏率兵3万出征朝鲜,迫使朝鲜与其为盟。大兵压境,朝鲜被迫与后金结盟,但是口服心不服,事后处处不配合。崇德元年(1636)十二月二十七日,皇太极亲征朝鲜,统领10万大军跨过鸭绿江,

---

① 明朝建立之初,朝鲜半岛的高丽王朝因不满明朝在东北设立铁岭卫而出兵挑衅。但是,高丽将领李成桂自知不能与大明为敌,而借机发动兵变,推翻旧主夺位,建立了朝鲜王朝,并恢复与明朝的宗藩关系,成为明朝的藩属国。

直指朝鲜京城，彻底征服了朝鲜，签署城下之盟。此后，朝鲜断绝了与明朝的联系，开始向清国称臣。

收服了朝鲜，皇太极又将矛头直指蒙古。

当时的蒙古分成漠南、漠北、漠西三大块。其中，漠南蒙古东接吉林，西至贺兰山，南邻长城，北距瀚海，与后金和明朝相邻。漠南蒙古最大的部落是察哈尔部，部落首领林丹汗臣服于明朝，是明朝抗击后金的主要盟友。

1628年至1636年，皇太极先后三次用兵蒙古。逐步征服了漠南蒙古的多数部落。第三次讨伐察哈尔部时，林丹汗病死在西逃路上。漠南蒙古就此全部归服后金。同时，皇太极也对漠北蒙古各部恩威并施，遣使劝归。到崇德三年（1638），漠北蒙古的喀尔喀三部，即土谢图汗、扎萨克图汗和车臣汗，都与清国建立了臣属关系。

征服相邻属国之后，皇太极继续收服东海女真，统一黑龙江。当时黑龙江下游已基本归服，但是中上游仍然游离于清国势力之外。皇太极采取招抚为主的战略，逐个收编黑龙江中上游的主要部落。天聪五年（1631），黑龙江中游的虎尔哈部前来朝贡。天聪八年（1634），上游的索伦部达斡尔族头领巴乐达齐开始向皇太极朝贡，在他的带动下，索伦部其他部落也纷纷向清国称臣。当然，皇太极也从未放弃武力征服。崇德四年（1639），黑龙江上游乌鲁苏城的索伦部首领博木博果尔发起暴动，被清兵镇压，并借机收复了贝加尔湖以东的广大地区，一些未归顺的部落闻风而动，纷纷臣服于清国。

到了崇德七年（1642），清政权已经控制了黑龙江、乌苏里江流域，北至外兴安岭，南达日本海，东抵鄂霍次克海、库页岛，西到贝加尔湖的广大地区。

经过一轮又一轮的征服，清政权积蓄了与明朝抗衡的财力、物力和兵力。伴随着实力的增长，对明朝的征战也不断升级。

天聪二年（1628）五月，皇太极亲自带兵西进，攻打锦州、宁远；遭遇明朝辽东巡抚袁崇焕的有力阻击，攻打数日，无功而返。天聪四年（1630）十二月，皇太极再率10万大军西进。这一次，他绕过袁崇焕的防区，取道蒙古经热河，占领遵化，指向北京城。

明朝京城告急，袁崇焕闻讯后率9000骑兵从山海关星夜兼程、回京救援，先于金兵三日到达北京。清兵抵京后发现袁字大旗高高飘扬，顿时大惊，以为袁军从天而降。在京城近郊广渠门外，袁崇焕以9000兵马对阵10万清兵。他下令全体将士每人口含一枚铜钱，只准死战，不准惊呼喊怕。袁崇焕带头冲锋，跃马横刀，苦战7天7夜，从早杀到晚，直杀得天昏地暗，终于将皇太极的进攻部队暂时击退，远远地阻挡在京城之外。

清兵暂退后，袁崇焕的军队兵无粮，马无草，人困马乏、伤亡惨重。袁崇焕本人也多处受伤，请求崇祯皇帝放兵马进城休整；待大队援兵赶到后，再与清兵决战。但是，明朝皇帝惧怕将士哗变，不准袁军进城，逼着他们继续出战。

清军方面，受到袁崇焕的有力抗击之后一筹莫展。皇太极顾忌袁崇焕的威猛，不敢轻易再战，便听从军师范文程之策，使出反间之计，借明朝皇帝崇祯之手除去劲敌袁崇焕。

想当年，皇太极希望与明朝议和之时，曾经通过镇守宁远的明朝将领袁崇焕传递消息。努尔哈赤去世时，袁崇焕曾派人前来吊唁，当时皇太极就写信给袁崇焕，表达议和意愿，之后双方又有几次书信往来，皆为议和之事。为此，明朝廷中有人诬陷袁崇焕与皇太极勾结。此次皇太极绕道进京，更有人怀疑是袁崇焕授意的。于是，皇太极决定利用这一谣言，继续火上浇油。

当时，清兵俘虏了两个明朝太监。皇太极让已经降清的明将鲍承先"泄密"给其中的一位杨太监：今天退兵乃是一计，袁崇焕已经派人前来与皇太极定下密约，只等袁兵一进京城，就可以里应外合、篡权夺位。然后，假意看守疏忽大意，给杨太监逃跑的机会。就这样，杨太监顺利逃出清军营地，回到紫禁城宫内，并将听到的"机密"向崇祯皇帝密告。

崇祯皇帝是个疑心极重之人，原本就对那些谣言心存疑虑。这时听到太监的密报，就坚信了自己的猜测，心中怨怒，气急败坏，当即假意召见袁崇焕，将其打下死牢。可怜袁崇焕血染征衣，腹内空无粒米，被关进了死牢后便沉沉睡去。

众将得知袁将军被关，一怒之下弃城而去，清兵再次围城。崇祯皇帝招兵回援，副将祖大寿拒不从命；崇祯无奈只得让人到死牢中求助袁崇焕。袁崇焕写信给祖大寿：为了城中的百姓，回城解围。祖大寿手捧书信跪地大哭，深知只要率兵解围，也就定了袁崇焕的死罪。果然，北京解围了，袁崇焕则被定以纵兵、纵敌、通敌之罪。

天聪四年（1630）八月，袁崇焕被执行凌迟，生剐三日而死。对于当时的情形，明末史家张岱记述道："……于镇抚司绑发西市，寸寸脔割之。割肉一块，京师百姓从刽子手争取生啖之。刽子乱扑，百姓以钱争买其肉，顷刻立尽。开腔出其肠胃，百姓群起抢之，得其一节者，和烧酒生啮，血流齿颊间，犹唾地骂不已。拾得其骨者，以刀斧碎磔之，骨肉俱尽，止剩一首，传视九边。"而这位当年被京城百姓恨入骨髓以至于被生吞活剥的袁崇焕，在《临刑口占》中却依旧不悔不怨地称："死后不愁无勇将，忠魂依旧守辽东。"

皇太极从北京撤兵后，回师途中占领了永平、滦州、迁安等地，留下阿敏驻守四城，自己班师出关，回归沈阳。不久，阿敏因孤军无援，被明军打败，撤回了辽东。天聪八年（1634），皇太极再次大举入关，攻打宣府、大同。但是，明军已有准备，清兵收获不大，只能到处袭扰、破坏，所到之处大量掠夺人口和财物而归。

自从称帝之后，皇太极已不再存有与明朝议和的念头，而是决心统一中原、取代明朝。为此，从1636年至1642年，皇太极又先后三次入关，进攻明朝。

崇德元年（1636），皇太极命多罗郡王阿济格等率军入关，从独石口入居庸关，一路攻取昌平、安定、安州等地，直抵北京，然后南下攻打保定，势如破竹，连陷十余城，掠获人畜18万。

崇德三年（1638），皇太极再命多尔衮、岳托为大将军，兵分两路大举进攻明朝。岳托率军入密云北墙子岭，多尔衮入青山关夺取董家口、青山营。两军所向披靡，会师于通州，然后再兵分八路向西，扰河北，下济南，明德王朱由枢被俘，攻下城池58座，掳获人口46万，掠金银百余万两。

虽然清军所到之处横扫一遍，但是屏蔽北京的要塞山海关和山海关的门户——锦州，仍在明军控制之下。崇德五年（1640），皇太极决定集中兵力向山海关推进，开始围困锦州。但是，直到崇德六年（1641）的三月，仍然未能攻下锦州。五月，明军总督洪承畴领兵押送粮草，前来救援锦州。这一次，皇太极抓住机会，集中兵力一举击溃洪承畴的援军。清军士气大振，继续围打锦州。崇德七年（1642）三月，锦州周边的松山、杏山被清军攻克，锦州守将祖大寿苦等援军无望，举城投降。至此，关外除宁远城，全部落入清军手中。

崇德七年（1642）十月，皇太极再次派遣阿巴泰入关攻明。清军兵分两路攻陷蓟州，乘胜杀奔山东，攻陷80余城，俘获人口36万、牲畜32万余头。崇德八年（1643）三月回师，经沂州、北京时，明军望风避让、一路放行。

清军数次入关，不仅掳掠了大批人畜和财物，同时也招降了多位明朝重要将领，如孔有德、耿仲明、尚可喜、洪承畴和祖大寿等。清军的节节胜利沉重地打击了业已衰败的明王朝。

崇德八年（1643）八月初九，踌躇满志的皇太极突发脑出血病逝，终年52岁，庙号"太宗"。

秦时明月汉时关,万里长征人未还。

但使龙城飞将在,不教胡马度阴山。

——〔唐〕王昌龄《出塞》

清军入关

皇太极生前没有立太子,因此他突然去世之后,皇位归属问题立即成了清廷各派势力争夺的焦点。

当时,除皇太极之外,清政权另有七位高层决策人物,按级别排序分别是:礼亲王代善(努尔哈赤次子)、郑亲王济尔哈朗(舒尔哈齐第六子)、睿亲王多尔衮(努尔哈赤第十四子)、肃亲王豪格(皇太极的长子)、英郡王阿济格(努尔哈赤第十二子)、豫郡王多铎(努尔哈赤第十五子)和颖郡王阿达礼(代善的第三子)。

其中,礼亲王代善时年60岁,虽然位居七大亲王、郡王之首,但他一向与世无争,不愿惹是生非,无心继承皇位;郑亲王济尔哈朗时年44岁,生性谨慎,明哲保身,又属旁系,缺乏嫡传的资格。若论资格和实力,皇太极的长子豪格与皇太极的异母兄弟多尔衮是竞争皇位的主要对手。于是,各方势力围绕这两人形成两派力量,属于皇太极的两黄旗与正蓝旗拥立豪格,而正白旗与镶白旗拥立多尔衮,展开了激烈的皇位争夺。

豪格是皇太极的长子,时年35岁。在清朝的开国历程中,曾经带兵四处征战,屡立功勋,佐助父皇成就大业。但是,比较而言,多尔衮也毫不逊色,甚至更胜一筹。多尔衮33岁,辈分上是叔叔,年龄却比豪格还小2岁,久经沙场,英勇善战,战功赫赫;而且,自天聪五年(1631)皇太极设立六部以来,多尔衮一直是皇太极治国理政的得力助手,主持吏部长达14年之久,人脉深厚。在正红旗、正蓝旗和正黄旗中也有宗室暗中支持他。

由于双方旗鼓相当,掌有两红旗的代善和镶蓝旗主济尔哈朗又模棱两可,皇位之争僵持不下。多尔衮见自己没有完全取胜的把握,于是迅速提出立皇太极幼子福临为帝,由自己和郑亲王济尔哈朗出面辅政,等福临成年后归政。

多尔衮的建议大出众人所料,原本处于边缘地位的济尔哈朗突然找到了提升地位的机会,于是,即刻抓住机会支持多尔衮。同样,对于支持豪格的两黄旗来说,他们坚持的是"如若不立皇帝之子,我们宁可死,从先帝于地下",可见,只要立的是皇子,只要能保证两黄旗的地位,无论是立豪格还是立福临,对他们来说都无所谓。由此,棋高一着的多尔衮占据上风,豪格被迫妥协,双方共同拥立皇太极的第九子——6岁的爱新觉罗·福临[①]继承皇位,由睿亲王多尔衮和郑亲王济尔哈朗出面辅政。此提案在议政王大臣会议上顺利通过,清国帝位终于有了着落。

---

① 其母为永福宫庄妃博尔济吉特氏,即孝庄文皇后。

崇德八年（1643）八月二十六日，福临即位，改次年为顺治元年。

在大清国开拓新纪元之时，明王朝却从此告别了历史舞台。崇祯十七年（1644）三月十九日，李自成攻下北京，推翻了明王朝，33 岁的崇祯皇帝在故宫后面的景山上吊自尽。但是，镇守山海关的明将吴三桂不甘心明朝就此灭亡，派人邀约多尔衮联手出兵对付李自成。在吴三桂看来，清军有劫掠到财物就满足然后打道回府的传统，如此一来，自己将成为明朝的头等功臣，天下秩序也就得以恢复了。

实际上，多尔衮的目光和抱负远非吴三桂所想象的短浅，他要的是整个江山。在收到吴三桂的书信后，多尔衮顺势招降了吴三桂，抓住机会，立即向关内进军。此时，吴三桂正面临着李自成 20 万大军袭来的威胁，情急之下，只能答应多尔衮的要求。

顺治元年（1644）四月，多尔衮统率满、蒙、汉八旗共约 14 万兵力与吴三桂的 4 万明军联手，在山海关击败了李自成的 20 多万农民军。李自成兵败之后，退回北京，多尔衮又乘势追到北京。李自成退回北京之后，匆忙登基称帝，国号"大顺"。但是，面对来势汹汹的清兵，李自成深知守不住北京，便决定撤回西安，以图东山再起。

李自成撤出北京之后，多尔衮打着为崇祯报仇的旗号，率领清军毫无阻碍地进驻北京城，还招降了一些明朝官员。

八月二十日，清廷开始迁都北京。十月初十，清朝正式宣布对全中国实行统治，改年号"顺治"。这一年，功高位尊、权势日隆的多尔衮被加封为"叔父摄政王"，第二年又改称为"皇叔父摄政王"，以皇帝之尊代行皇帝职权，成为清政权入关之初的实际统治者。

清朝轻取北京城之后，各地反清势力和企图恢复明朝的势力也蜂拥而起。早在李自成攻陷北京之时，南方的明朝皇族便相继成立了数个南明政权。如，史可法、马士英等拥立福王朱由崧在南京成立了弘光政权；唐王朱聿键在福州建都；桂王朱由榔在肇庆建都；等等。退至西安的李自成，仍然在陕西维持着他的大顺政权；在四川成都，还有张献忠的大西政权。

面对这种群雄割据、逐鹿天下的态势，多尔衮挥斥重兵，开始实施残酷的军事征服。

清廷入关后，多尔衮首先派吴三桂、多铎和阿济格等人带兵奔赴陕西、湖北追杀李自成。当年，李自成被杀，时年39岁。顺治二年（1645），多尔衮再派多铎率军下江南，渡长江，消灭了南京的南明弘光政权。同年，多铎率清军攻占扬州，以灭绝人寰的方式血洗扬州长达10日，80万扬州民众多数惨遭屠杀，史称"扬州十日"[①]。

[①] "扬州十日""嘉定三屠"一向被并列为清入关后的两大暴行。前者因为王秀楚的《扬州十日记》而流传甚广。后者虽有朱子素的《嘉定乙酉纪事》记载，却不大为人所知。其中有一个重要原因，即"扬州十日"是满人所为（尽管里面还是汉兵居多），而"嘉定三屠"则是降清明军李成栋部所为，从头到尾都是"汉奸"犯下的罪行。

顺治三年（1646），多尔衮又派遣豪格带兵进入四川，攻打张献忠。经过近两年的征战，张献忠战死沙场，豪格得胜回师。同年，贝勒博洛率清军进占浙江，攻取绍兴，迫使1645年在绍兴成立南明新政权的鲁王退往福建。同年秋，清军追到福建，攻打退守此处的鲁王朱以海和占据此地的唐王朱聿键。此后，清军相继控制了湖南、江西、浙江、福建、广东、广西等省。到顺治八年（1651），西南部仍有张献忠的残部，孙可望、李定国、刘文秀等部数万人，联合南明桂王朱由榔，占据云、贵等地；东南部有郑成功、张煌言等势力占据福建继续抗清。但是，清朝已经控制了全国大部分地区，为建立全国政权奠定了基础。

在清廷内部，多尔衮是个权势欲极强的人，他摄政后大权独揽，党同伐异。限制了由满族贵族和重臣组成的"议政王大臣会议"的权力，并减少诸王对六部的兼理工作，明令诸王不得干预各衙门的政事，权力都集中到了摄政王的手中。

出于集权的需要，多尔衮首先将矛头指向济尔哈朗和豪格。顺治四年（1647），济尔哈朗的王府殿基尺寸超出规定，还擅自使用铜狮、铜鹤等饰物，多尔衮借机罢免其辅政王职务，并罚银两千两。第二年正月，多尔衮又以诸多无关痛痒的罪名把济尔哈朗贬为多罗郡王，罚银五千两，重创了济尔哈朗的势力。同年二月，豪格从四川得胜回朝，被多尔衮以纵容部下冒功为名，关进牢狱。一个月后，豪格连病带气，死在牢里，终年39岁。顺治五年（1648）年末，多尔衮被尊为"皇父摄政王"，名分上成了"太上皇",实际上把持皇权。

在政权建设方面,为了适应以汉族为人口主体的国情需要,消除汉人对满人的隔阂、疑惧,多尔衮沿用了明朝的政治制度和法律制度,对明朝的文武官员基本上全盘接收,让一切都照旧,消除改朝换代对人们的冲击。同时宣布减免赋税,鼓励百姓恢复生产,以安抚人心,稳定政局。

然而,对于中原汉民族而言,清朝毕竟终归是异族统治,多尔衮一面倡导"以汉制汉",一面大力笼络关内汉族地主,镇压农民起义军,同时,为了维护满洲贵族的利益颁行了诸多弊政。

首先是颁布了所谓"留头不留发,留发不留头"的"剃发令"。清朝统治者认为,汉人必须遵从满族习俗,把脑袋周围的头发剃掉,前面剃得露出脑心,后面稍加剃修,再把覆盖后脑处的头发梳成辫子。汉人只有这样,才算是真心归顺大清。但是,汉族人自古以来都是留满发,不剪也不剃。《孝经》中曾说:"身体发肤,受之父母,不敢毁伤,孝之始也。"这千年的伦理观,关乎着孝道的原则问题。剃发不仅有违传统,更是一种侮辱。因此,"剃发令"一出,不仅遭到汉族知识分子的抵制,也激怒了下层民众,抗清斗争此起彼伏。

另外,清军入关之后,颁布了"圈地令",导致满族贵族、官吏及满汉蒙八旗对近京一带的土地疯狂掠夺、强行霸占,致使百姓倾家荡产,无以为生。

掠夺来的土地需要有人来耕种,而辽东迁来的农奴人数又有限。于是，清政府便颁布了"投充令"，强迫当地汉人"投充"为奴，成为没有人身自由、被主人肆意奴役剥削、任意买卖的奴隶。不堪忍受的人们纷纷逃亡，清廷随后又发布了"逃人法"，严厉处罚逃亡者，对窝逃者处以重刑。

在弊政和高压的统治下，民众进行了长期的激烈反抗，虽然最终还是屈服于清政权的武力镇压，但是由此激化的民族矛盾和抗清运动却不曾停息。

顺治七年（1650）十二月初九，多尔衮外出打猎，病死在喀喇城（今河北省滦平），年仅39岁。16天之后，多尔衮被追尊为"成宗义皇帝"。转过年，13岁的顺治皇帝亲政，清朝进入了一个新的历史时期。

离离原上草，一岁一枯荣。
野火烧不尽，春风吹又生。
远芳侵古道，晴翠接荒城。
又送王孙去，萋萋满别情。

——〔唐〕白居易《草》

顺治临朝

多尔衮病逝前，其胞弟豫亲王多铎已先一年病故。因此，多尔衮突然离世后，他们的胞兄、45岁的英亲王阿济格认为，该是自己承袭摄政王位的时候了，于是私自招呼儿子劳亲带兵进京助阵，以示威慑力。

在多尔衮灵车到京时，阿济格父子两军会合，令部下大张旗帜，环丧车而行。顺治亲率诸王、大臣迎柩车时，阿济格父子身带佩刀居首而坐。不料，朝中资历最老、地位最高的亲王济尔哈朗等人早已暗中设伏，将阿济格父子一举擒获。并以身带佩刀、"举动叵测"等罪名，将其削爵幽禁。次年十月，阿济格被福临赐死[1]。

---

[1] 阿济格是清太祖努尔哈赤的第12子，与14子多尔衮、15子多铎同为努尔哈赤第4任太妃阿巴亥所生。阿济格骁勇善战，参加过宁远之战、锦州之战，围攻明朝北京的广渠门大战等重大战役，受封为武英郡王。1644年，摄政王兼大将军多尔衮带领阿济格和多铎，率清军主力夺取北京城，阿济格晋升为英亲王，在王爷中排位第八。阿济格被福临赐死后，葬于今天北京东四环路四惠桥西南侧通惠河北岸的八王坟。

顺治八年（1651）正月十二日，13岁的顺治亲政。早年间受到多尔衮排挤、压制的济尔哈朗等人扬眉吐气，卷土重来。不久，多尔衮的政敌纷纷向顺治控告其"谋篡大位""独擅威权"等罪行。于是，多尔衮生前的爵位均被贬削，家产被没收，多尔衮派系的王公大臣也相继被贬职或处死。

重新得势的济尔哈朗等人属于政治保守派，他们主张加强满人的统治，排斥汉官；维护满族亲贵的特权，抵制汉文化对满人的渗透。但是，少年顺治有自己的想法，他从小接受汉文化教育，比皇太极更熟悉汉文化。在政治上，他坚持沿袭明朝的制度，以开放的心态任用汉官，继续执行多尔衮摄政期间采取的"以汉治汉"方针，重用范文程、王宏祚、洪承畴、冯铨、金之俊等汉官。

顺治启用汉臣王宏祚对清朝的赋税征收制度进行了改革。根据王宏祚的提议，顺治废除了明朝时加派在土地上的军饷制度，减轻了百姓的负担。并将现有的土地登记造册，掌握全国耕地状况。顺治十四年（1657），针对贵族、地主逃税的现象，顺治颁布了新的诏令，对贵族特权加以限制，缓解赋税征调的不足。顺治十六年（1659），王宏祚编写的《赋役全书》颁布，成为清政府征收赋税的官方依据。

清初，由于战乱和圈地的影响，全国生产一派凋敝。顺治听取范文程的建议，鼓励垦荒，安顿民生，恢复农业生产，促进经济发展，稳定税收。顺治八年（1651），清朝廷的年赋额为1480余万两，到顺治十八年（1661）已增至2400万两。

多尔衮摄政时期，吏治松散，官员贪污腐化严重。顺治亲政后，大力整肃吏治，严惩贪官。他要求官员"克己奉公"，并亲自审阅所有大臣的人事档案，罢免不作为的官员。顺治九年（1652），出台了考核中央一级官员的制度，规定每六年考核一次。顺治十年（1653），又实行"大计天下"，对全国各级官吏每三年举行一次普遍甄别。在当年的考核中，全国有969名官吏被革职、降级和调动处理。顺治在吏治上的作为，给之后的几代皇帝做出了较好的示范作用。

鉴于明朝太监干预朝政的历史教训，顺治对太监的人数加以限制，还在内宫交泰殿门前立了一块严禁太监干预政事的敕谕铁牌。

为了稳定局势、缓解多尔衮摄政时期实施六大弊政所引起的民族矛盾，顺治颁布了"缓剃发"令。顺治十年（1653），又诏令停止圈地。顺治十四年（1657），放宽了"逃人法"中对窝逃的惩罚。

顺治亲政初期，全国尚未完全统一，西南及东南一带仍是反清复明的势力。因此，镇压抗清运动成为顺治亲政后的首要大事。

豪格曾于1646至1648年期间平定四川，迫使张献忠残余部将孙可望、李定国、刘文秀等大西军退至云、贵一带，与南明政权桂王朱由榔结盟。顺治九年（1652），大西军发动了大规模的反清攻势。孙可望留在贵州，李定国率主力8万人出湖、广，刘文秀率偏师6万人进攻四川。这三人曾跟随张献忠转战多年，实战经验丰富，军队能征惯战。

清朝当时的主力部队是八旗军，由16岁以上的八旗子弟组成。此外，清政府还招降了大批明军和地主武装，建立了一支汉军——绿营兵，以绿色旗为标志，以营为建制，分驻各地。

顺治八年（1651）九月，顺治命平西王吴三桂进攻南明政权。次年三月，吴三桂与李定国的8万主力交战，结果，李定国节节胜利，连下数城。七月，李定国转战桂林，镇守此地的清定南王孔有德兵败自杀。九月，顺治急令敬谨亲王尼堪为定远大将军，率10万清兵征湖南、贵州。十一月，尼堪的清军与李定国的大西军决战于湖南的衡州城下，经过4天4夜的鏖战，尼堪阵亡。李定国一路收复了湘、桂两地，破清军数十万。

与此同时，吴三桂的清军也在刘文秀的攻击之下，败退至汉中。

大西军初战告捷，内部却出现了问题。李定国、刘文秀战绩显赫，而孙可望战绩平平，心生嫉恨。顺治十四年（1657），孙可望举兵征讨李定国，其部下纷纷倒戈投向李军。孙可望逃往长沙，投降清将洪承畴，详细告发了李定国的大西军情况。

清军掌握了大西军的内部情况后，顺治十五年（1658），兵分三路向云南、贵州发起进攻：吴三桂与李国翰从四川南下；征南将军卓布泰由广西西进；宁南靖寇大将军洛托与洪承畴由湖南西进。顺治十六年（1659），清军占领贵阳、重庆后，直逼云南，攻陷昆明，桂王逃至缅甸，李定国又被人出卖，最终退至云南边境孟艮。顺治十八年（1661），吴三桂追至缅甸杀了桂王。

顺治派兵平定西南之时，东南的郑成功仍然不屈不挠地进行着抗清运动。明朝灭亡之后的10年里，郑成功以金门、厦门为根据地多次起兵抗清。

顺治十四年（1657），顺治任命济尔哈朗的儿子济度为定远大将军，率军南下征讨郑成功。在清军的压迫下，郑成功退守到厦门、金门。顺治十六年（1659）六月，郑成功北伐失败。清朝命令沿海居民内迁30里，并首次实施了"禁海令"，禁止船只出海。顺治十七年（1660）七月，清政府将靖南王耿继茂从广东调往福建，又命都统宗室罗托为安南将军，征剿郑成功，进一步压缩了郑成功的势力。清政府此次用兵未能打败郑成功，但是，清朝掌控中原的大局已不可逆转。郑成功遂将视线移向台湾，开始了收复台湾的壮举。

当郑成功开始人生新的目标之时，顺治帝的人生却渐近终结。

顺治是一个多愁善感、情感懦弱的人，也是一位尊崇耶稣会、笃信佛教的皇帝。他对耶稣会的尊崇缘于汤若望（Johann Adam Schall von Bell）的影响。汤若望是一位德国传教士，受耶稣会的派遣来到中国传教，因精通天文历算之学，在明朝崇祯年间曾参与天文推算工作。因此，在顺治元年（1644），清朝廷决定重修历法之时，再次委派汤若望参与工作。汤若望以其渊博高深的学识获得了顺治的尊敬和信任，继而成为清朝的官员，掌钦天监印信。

顺治十四年（1657），顺治有心皈依佛门，取法名"行痴"，法号"痴道人"。顺治十五年（1658），顺治的四皇子出生仅4个月就夭折了，令顺治悲痛万分。顺治十七年（1660），顺治倾心宠爱的董鄂妃在幼子夭折的打击下病逝。一连串的打击使顺治一蹶不振，无心打理国事，只想出家。但是，在顺治出家的打算尚未实现之时，顺治十八年正月丁巳（1661年2月5日），顺治患天花，病死于紫禁城内的养心殿，年仅24岁，庙号"世祖"，1663年葬入河北遵化清东陵的孝陵。

四镇多贰心，两岛屯师敢向东南争半壁；

诸王无寸土，一隅抗志方知海外有孤忠。

——康熙题郑成功墓

郑成功收复台湾

台湾，自古以来就是我国的领土。但是，在1624年，趁明朝衰落之际，有"海上马车夫"之称的欧洲强国荷兰攻占了台湾。荷兰霸占台湾后，修筑了两座要塞——热兰遮城又称台湾城（今台南安平）和赤嵌城（今台南市），开始了对台湾近38年的殖民统治。对于荷兰殖民者的压迫和盘剥，台湾人民进行了很多次反侵略斗争，然而，均被残酷地镇压。

早在荷兰殖民者到来之前，我国福建沿海曾有大批流民移入台湾。而在1620年代，台湾历史上第一次大规模福建移民的组织者就是郑成功的父亲郑芝龙。台湾被荷兰霸占后，人民遭受侵略者的暴虐统治，老百姓都希望光复台湾，郑氏家族也一直有此愿望。

1624年，也即台湾陷落荷兰之手的当年，郑成功出生于日本长崎县的平户千里滨。母亲田川氏是日本人，而父亲郑芝龙则是往来于福建与台湾沿海之间的"海盗"。1628年，郑芝龙接受明朝廷的招抚，开始致力于维持东南沿海治安，屡次建功、官至都督同知。1630年，6岁的郑成功随叔父郑芝燕回到祖籍福建省南安县。郑芝龙延聘名师教授儿子学业，崇德三年（1638）郑成功入南安县学为廪生①。顺治元年（1644）郑成功离开家乡来到南京，进入国子监太学，拜名儒钱谦益为师。当年三月，李自成攻入北京，明朝灭亡。十月，清王朝迁都北京。

顺治二年（1645），清军攻克南京，南明弘光政权覆灭，郑成功返回福建。当月，雄踞八闽、割据一方的郑芝龙拥立南明政权的唐王朱聿键在福州即位称帝，建号隆武。隆武帝为了笼络郑家父子，赐郑成功与国同姓，易名"成功"，从此南明官方称其为"朱成功"，又称"国姓爷"。顺治三年（1646）六月，清军进攻福建，隆武帝在逃亡路上被擒，死在汀州。郑芝龙受清朝洪承畴的招抚，决意降清。当时，22岁的郑成功极力劝阻父亲。但是，父子俩谁也没有说服谁，最终彼此断绝了父子关系。九月，郑芝龙降清，后来清军进袭安平，郑成功之母不堪被辱自杀身亡。

与父亲分道扬镳后，郑成功在南安县学焚毁儒服，投笔从戎，以"招讨大将军"的名义，在安平、金门一带誓师抗清，拥戴南明的永历政权。顺治四年（1647），郑成功与叔父郑鸿逵率兵攻打泉州，屯兵桃花山。顺治七年（1650）中秋，郑成功用计袭夺厦

---

① 廪生，即廪膳生员，科举制度中生员名目之一。明清两代由府、州、县按时发给银子和粮食补助生活的生员。

门，建立了稳固的抗清根据地。此后几年里，郑成功在福建、广东、浙江沿海一带与清军交战，并利用台湾海峡发展海上贸易，以商养战，建立起一支强大的军队。鼎盛时拥有20余万水陆精兵，5000多艘大小舰船。顺治十四年（1657）年底，永历帝加封郑成功为延平王。

顺治十六年（1659）五月，郑成功率大军从舟山出发实施大规模的北伐，沿长江口溯江西进，七月进逼南京城下，清廷为之震动。清廷急调援军反攻，郑成功寡不敌众，被迫沿长江东撤，转海道南下，九月退回金门、厦门基地。

北伐失败后，郑成功意识到，清朝已经控制了中国大局，反清复明的希望越发渺茫。于是，郑成功决定收复台湾，利用海峡天险和海上优势，建立新的抗清基地。

此前，顺治十二年（1655），郑成功曾因荷兰侵略者经常强抢中国商船，向周边港澳邻州府传信，不许与台湾通商，意图从经济上扼制荷兰殖民者。两年后，郑芝龙的一位旧部何廷斌从台湾来到厦门。何廷斌当时是荷兰殖民者的"通事"，前来与郑成功交涉通商之事；何廷斌也是一位爱国志士，他对荷兰殖民者欺压、屠杀台湾同胞的种种罪行一直非常痛恨。这次借助厦门之行，将台湾各方面的情况，特别是荷兰人在台的兵力部署及内部机密详细地报告给郑成功，鼓励郑成功收复台湾。

顺治十八年（1661），何廷斌再次前来，献给郑成功一张精心绘制的台湾地图，并表示愿做郑成功收复台湾的向导。二月，郑成功开始部署军队，准备出兵。二月初三日，郑成功留下儿子郑经及部分将领守卫厦门，自己率军25000人，分乘350多艘战船，从金门料罗湾出征。次日，抵达澎湖。因遇暴风雨做数日休整，初八日向台湾鹿耳门进军。在熟悉地形的何廷斌的引导之下，郑成功的大军绕过荷军的炮台、顺利避开航道中的淤浅险阻，出其不意地在北线尾岛和赤嵌城西北部附近的禾寮岛登陆，击溃了荷军的阻击，并乘势攻下赤嵌城。随后，郑成功率大军包围了荷兰人在台湾的统治中心——热兰遮城。当时，驻扎在台湾的荷兰殖民军约为2800人，船坚炮利，在武器上占有一定的优势。荷兰驻台湾长官揆一拒绝投降，凭借城墙工事负隅顽抗，郑成功数度强攻未果，随即改为长期围困。

郑军登陆后，台湾居民们看到了久别重逢的亲人，自发而动，提水端茶，前来欢迎。同时，出人出力协助郑军攻打荷兰侵略军。

八月中旬，荷兰援军从巴达维亚赶来支援台湾，在海上与郑成功水师展开决战。在激战中，郑成功指挥60艘木船围击荷军巨型战舰"海克托"号，凭借己方船小灵活的优势，郑军战船前仆后继，击沉了"海克托"号，其他荷兰船舰掉头逃跑，郑军取得了海战的胜利。

郑军的海战告捷和收复赤嵌城的消息鼓舞了台湾居民，民众组织起来协同郑成功抗击荷军，肃清荷兰殖民者在各地的残余势力。百姓们捣毁荷兰人的洋教教堂，焚毁传教书籍，杀死作恶多端的荷兰殖民者。在诸罗山（今嘉义市境内），高山族人民把逃到那里的荷兰官吏、士兵、传教士的眷属们驱赶到赤嵌,迫使他们向郑军投降。

康熙元年(1662),郑成功下令炮轰荷军用以掩护热兰遮城的乌特利支堡,并将其占领。此时,热兰遮城内饿死战死的荷军达1600多人,只剩下600名士兵仍有战斗力。十二月十三日,陷入绝境的荷兰殖民军终于举旗投降,荷军长官揆一在投降书上签字,率残兵败卒撤出台湾,至此,荷兰对台湾38年的殖民统治正式结束,台湾重新回到中国的怀抱。

收复台湾后,郑成功励精图治,设置府县、实行屯垦、废除苛税、兴办学校,改善军民关系,安抚台湾土著,颁布了各种法令和条例,推动台湾的政治、经济和文化迅速发展。郑成功本人也受到台湾人民的爱戴。康熙元年(1662)五月初八,郑成功病逝于台湾,年仅39岁,葬于台南州仔尾。

1683年夏天,清朝进军台湾,郑成功之孙郑克塽率众归顺。此后,台湾置于清朝管辖之下。

善恶到头终有报,

只争来早与来迟!

劝君莫把欺心使,

湛湛青天不可欺。

——〔明〕冯梦龙《醒世恒言》

鳌拜专权

顺治十八年(1661),顺治在弥留之际将皇位传给了8岁的三皇子爱新觉罗·玄烨(1654—1722),并任命索尼、苏克萨哈、遏必隆和鳌拜为辅政大臣。1662年,改年号为"康熙"。

这四位辅政大臣都是顺治直领的"上三旗"——正黄旗、镶黄旗和正白旗的功臣贵戚。

其中,索尼属正黄旗,四朝元老,因功勋卓著,在顺治亲政时期任"内大臣",总管内务府事务,位居四辅臣之首。苏克萨哈属正白旗,曾是多尔衮的重臣。多尔衮死后,倒戈揭发多尔衮的罪行,受到顺治的信任,成为"领侍卫内大臣",加授"太子太保"衔,在四辅臣中位居第二。遏必隆属镶黄旗,是开国功臣额亦都的儿子,曾受多尔衮的排挤,被顺治启用后,升为"议政大臣",加官"少傅""太子太保",在四辅臣中位居第三。鳌拜属镶黄旗，其叔父费英东早年追随努尔哈赤起兵，是清朝的开国元勋之一。鳌拜曾随皇太极征讨各地，战功赫赫，有满洲"第一勇士"之称。清兵入关后，随阿济格征湖北，破李自成军，又随豪格入四川，与张献忠战于川北西充，"大破之，斩献忠于阵"。顺治亲政后封其为二等公、"议政大臣""领侍卫内大臣"和"太子太傅"。

索尼虽为四大辅臣之首，但年老体衰，畏事避祸，没起到核心领导作用；遏必隆为人庸懦圆滑，凡事不拿主意，又属镶黄旗，常常附和鳌拜；苏克萨哈曾是多尔衮旧属，为其他辅政大臣所恶，势单力孤。鳌拜则自恃功高，刚愎跋扈，唯我独尊，横行霸道。

四位大臣曾在顺治灵前发誓——齐心协力辅佐儿童皇帝玄烨。最初，誓言的热度尚可将他们团糅在一起，和衷共济、不计私怨。但是，当权势、利益不断发生冲突时，誓言便成了无谓的空话。

骄横的鳌拜为了独揽大权，不择手段，广结党羽、剪除异己，对于迎合之人举荐提拔，对不从之人则设法陷害。朝中阿谀之风日盛，文武百官尽皆出自其门下，心腹遍布各地。

在辅政大臣中，与鳌拜矛盾最深的是苏克萨哈。两人虽是儿女亲家，却常因政见不合而争吵，积怨成仇。因此，鳌拜总是想方设法打击苏克萨哈。

鳌拜属于镶黄旗，与正黄旗同属皇帝的直领旗，地位高于其他各旗。苏克萨哈属于正白旗，原系多尔衮所领，多尔衮去世后，收归皇帝直领，与正黄旗、镶黄旗合称"上三旗"。

多尔衮当权期间，大施圈地政策，强抢汉民土地，将位于北京永平府（今河北省唐山）一带的肥沃良田划给正白旗，将镶黄旗划到保定、河间、涿州一带。当时，满洲各旗因为圈地活动分赃不均也有诸多怨恨，但是，随着时间的流逝，是非得失已成往事，怨恨与不满已被人淡忘，人民已经有了安定的生活。

未料20年后，康熙五年（1666），权倾朝野的鳌拜翻起旧账，宣称：当年多尔衮的正白旗占据了属于镶黄旗的土地，"不符合八旗自有定序"的原则，正白旗与镶黄旗必须改换圈地。鳌拜的"换圈地说"一经提出，朝廷内外一片哗然。除苏克萨哈外，正白旗的户部尚书苏纳海、汉军镶白旗的直隶总督朱昌祚、汉军镶红旗的保定巡抚王登联三位大臣一起上书反对换圈地，以避免引起社会骚动。

鳌拜勃然大怒，不顾康熙的劝阻，公然矫旨以"藐视上命"为由将三位大臣一并处斩。朝野震撼，无人再敢反对。随后，镶黄、正白二旗的6万多人被迫搬迁，圈换土地31万余垧（1垧等于6亩），大批民众失去土地，流离失所，社会生产遭到严重破坏。

大臣们对鳌拜的肆意妄为敢怒不敢言，少年康熙也无可奈何。如此这般，鳌拜气焰更盛，越发骄横。朝贺新年时，鳌拜身穿黄袍，只有帽结与康熙不同。他经常把各地奏折拿回家，私自处理，根本不把小皇帝和朝臣们放在眼里。

在政治上，鳌拜代表着关外旧臣的势力。早在顺治年间，鳌拜就主张维护满族的古老传统与旧制。只因顺治主张适应中原汉文化，使鳌拜不能为所欲为。康熙初年，鳌拜专权，得以大肆推行保守政策，排斥汉官、撤销清初沿用的明制，加强满蒙关系，停止对满族官员的考核制度，对其他官员的考核也只问是否完成了赋税征收。

面对鳌拜的结党营私、倒行逆施，就连索尼也感到事态严重，但他唯一的办法就是吁请康熙亲政。当年顺治亲政时还不满14岁，而此时小皇帝已经14岁。于是，索尼出面联络苏克萨哈、遏必隆强迫鳌拜一同联名吁请康熙亲政。但是，这份吁请皇帝亲政的疏奏被太皇太后给"留中"了，直至康熙六年（1667）才公布。康熙对"留中"疏奏的批示："经太皇太后谕允，择吉亲政"，但辅政大臣"仍行佐理"。

康熙六年（1667）七月，14岁的康熙亲政。但这只是形式上的亲政，鳌拜"仍行佐理"，继续大权独揽。

此时，索尼已病死，苏克萨哈自知不敌鳌拜，为了避其锋芒，向皇帝奏请退休。鳌拜哪肯放过他，为了赶尽杀绝，给苏克萨哈罗织了24项罪名，提出判其凌迟、族诛。康熙不允，鳌拜气势汹汹，竟在御前"攘臂上前，强奏累日"。康熙被迫让步，苏克萨哈被处绞刑，并被诛族。

鳌拜的专权霸道已经威胁到康熙的帝位。议政王大臣会议和六部的实权都在鳌拜的把持之下，皇权有名无实。

有一次，鳌拜病了，康熙前往探访。当时，躺在床上的鳌拜见到康熙突然出现，内心疑惑不定，伸手欲探向枕下，被康熙的侍卫发现，急步向前将其手按住，从枕下搜出一把钢刀，局面尴尬而紧张。年少的康熙也很吃惊，却表现得从容镇静，笑道："刀不离身是满洲习俗，不要大惊小怪！"康熙的机敏，解除了鳌拜的戒备之心。

康熙帝虽然年轻，却颇有才智，更有治国理想和抱负，不甘心做傀儡皇帝。但是，要亲自治理国家，就必须除掉鳌拜。

然而，除掉鳌拜并非易事。这位三朝元老势力早已树大根深，他的弟弟穆里玛，有镇压李自成余部夔东十三家之功，封靖西将军，儿子那摩佛娶公主为妻，是康熙的姐夫。鳌拜的亲信班布尔善、玛尔赛、阿思哈、济世盘踞政府要津，心腹爪牙遍布宫廷内外。鳌拜本人久经沙场，武艺精湛。

这时，康熙的祖母孝庄太皇太后给了他有力的支持。

孝庄（1613—1687）是皇太极的妻子，顺治帝的母亲，在满族亲贵中极有威望。康熙登基以来，孝庄太皇太后一直是他的保护者和抚养人。据说，当年顺治议立嗣君时，因皇子们年龄太小，想立皇弟；而孝庄想立三皇子玄烨，征询汤若望的意见，汤若望指出玄烨出过天花，有终生免疫的优势，支持孝庄的意见，顺治也就再无异议，遗诏指定玄烨为皇位继承人[①]。

---

① 清朝的皇位继承，没有采取汉族的长子继承制。努尔哈赤曾经尝试立长子褚英继位，但是失败了，便决定汗位的继承采取由八大贝勒会议选定的方式；福临的继位就是在满洲贵族会议上推定的；而康熙的继位是通过遗诏决定的，打破了皇位继承人由贵族会议推定的传统，开创了清代皇帝生前用遗诏决定皇位继承人的先例。

康熙与祖母孝庄密商之后，开始实施铲除鳌拜的计划。

为了掩人耳目，康熙不露声色地召集了一些王公大臣的少年子弟们在宫中练习"布库"（摔跤），鳌拜上朝也不回避。鳌拜以为不过是小孩子们的游戏，不以为意。

康熙八年（1669）的一天，康熙召鳌拜入宫觐见，鳌拜以为要商讨朝事，却不料一上殿便被那些"布库"少年一拥而上拿下。随后，康熙命议政王大臣们审讯鳌拜。大臣们宣布鳌拜30条罪状，应处以革职、立斩。最后，康熙对鳌拜宽大处理，免于处死，终身监禁。不久后，鳌拜在狱中去世。遏必隆被革太师及公爵职称，后又恢复爵位。鳌拜的两个弟弟、侄儿及其他党羽则或被斩首或被革职。

清除鳌拜集团后，康熙的皇权得以巩固，扫清了阻挠历史进步的保守力量，为后来推进满汉融合的新政，发展生产，消除割据势力、一统山河扫除了障碍，更为康乾盛世拉开了帷幕。

流落征南将，曾驱十万师，

罢归无旧业，老去恋明时。

独立三边静，轻生一剑知，

茫茫江汉上，日暮欲何之。

——〔唐〕刘长卿《送李中丞归汉阳别业》

平定三藩

铲除鳌拜后的 4 年里，康熙任用了一批勇于创新、锐意进取的内阁大臣，大力整顿朝纲，惩办贪污，奖励生产，清王朝逐渐呈现蒸蒸日上的新气象。此时，羽翼渐丰的康熙开始把目光盯向了雄踞南方的三股汉族藩王势力。

三藩势力的形成是清廷利用明朝降将的结果。想当年清军入关后，八旗兵力不足，不得不依靠明朝的降官降将东征西讨，四处杀伐。为了平定南方、奖掖有功的汉臣，顺治论功行赏分封了三个藩王——封吴三桂为平西王，辖 53 佐领[①]，绿旗兵 1.2 万人，

---

① 一佐领有甲士 200，系五丁出一甲，53 佐领计有壮丁 5.3 万余。

镇守云南；封耿仲明①为靖南王，辖15佐领，绿旗兵六七千人，镇守四川，后来耿继茂继承父亲的爵位改去镇守福建；封尚可喜为平南王，辖15佐领，绿旗兵六七千人，镇守广东。这样便形成了不同于普通行省的"三藩"。这三个藩王手握重兵，互相依靠，到康熙初年，已经发展成"国中之国"的地方势力，对清廷的中央权威构成极大的威胁。

三藩之中，吴三桂的势力最大，西南部的精兵猛将多归其麾下。清廷还擢升其部将王辅臣为陕西提督，李本深为贵州提督，吴之茂为四川总兵，马宝、王屏藩、王绪等十人为云南总兵。吴三桂自恃为大清入关立下过汗马功劳而骄横无忌，从1650年入驻广州实际控制岭南政坛近20年，清廷对他也心存顾忌，一切不敢过问，任其专制云、贵两省一切大权。当时，清廷给云、贵两省督抚的敕书，都要写入"听王节制"四字。吴三桂可以随意题补官吏，号称"西选"。而其财政支出也大得惊人。顺治十七年（1660），清朝全年国税银收入不过875万两，而云南一省的俸饷

---

① 耿仲明（1604—1649），明末将领。祖籍山东，后迁移至辽东盖州卫。明登州参将，毛文龙旧部。袁崇焕督师蓟辽，杀毛文龙，耿仲明被调隶山东巡抚孙元化麾下。之后，与孔有德出兵抵御后金时，后备粮饷不至，怨愤不已，两人遂于明崇祯六年（1633）率部渡海降后金。1636年，清封耿仲明为怀顺王，属汉军正黄旗。随清兵入关后，镇压农民起义军。顺治六年（1649），改封为靖南王，与尚可喜进军广东，卒于途中。子耿继茂袭封，驻广州，又移福建。康熙十年（1671），继茂卒，其子耿精忠袭封。

银就要900多万两,加上广东、福建二藩的俸饷,年需2000余万两。邻近诸省调拨不足,则从江南调拨,三藩耗费让清廷财政难以负担。此外,吴三桂还私自铸钱、开矿、设立税卡,俨然一个土皇帝。广东、福建二藩也是经商刮财,强征市税,遍置私人,坐地称霸。三藩各据一方,互通声气,广布党羽,实际上已成为抗衡中央权威的割据势力。

康熙十二年(1673),尚可喜因年事已高,上奏要求退休,由其子尚之信继承王位,留守广东。这一奏请给康熙提供了撤藩的机会,当即批准尚可喜告老还乡,并撤销其"藩领",不允其子接任平南王爵位。

此令一出,即刻触动了吴三桂和耿精忠(耿继茂的儿子)。他们决定以退为进,试探一下康熙是否决意撤销三藩。于是,联名上表说也想退休,同意"撤藩"。不料,康熙一一照准,还派出钦差去昆明,督促吴三桂早日启程,回辽东养老。

康熙的撤藩决定在朝中招来一片反对之声。多数大臣惧怕"三藩"的势力,担心强行撤藩会引发叛乱。有人甚至提出杀掉同意撤藩的大臣,以此向吴三桂谢罪。当年协助康熙擒拿鳌拜的重臣索额图也在反对撤藩的行列中。支持康熙撤藩的只有兵部尚书明珠、户部尚书思翰等少数官员。面对强大的阻力,20岁的康熙毫不动摇,敢想敢做,他认为:"吴三桂等蓄谋已久,不早除之,必将养痈成患。而且,撤亦反,不撤亦反,不如先发制之。"于是力排众议,果断下令撤藩,削了吴三桂的官职。为了孤立吴三桂,康熙同时下令停止撤销耿、尚二藩。

撤藩令促使吴三桂叛清。康熙十二年（1673）十一月，吴三桂杀掉康熙派去的钦差——云南巡抚朱国治，自称天下都招讨兵马大元帅，打起"反清复明"的旗号，发动叛乱。

吴三桂盘踞西南10多年，党羽众多，早已在当地形成了稳固的势力。在他的号召下，早已对清朝统治不满的人士纷纷加入，很多还是手握重兵的清朝提镇大员。比如，云南提督张国柱，贵州提督李本深，四川提督郑蛟麟、总兵吴之茂，长沙副将黄正卿，湖广总兵杨来加，等等。同时，广西将军孙延领、福建的耿精忠也响应叛乱。只有尚可喜拒绝起兵，坚决效忠清朝廷，但其子尚之信早与吴三桂暗中勾结，康熙十五年（1676）尚可喜病逝，其子举旗反清。因此，声势浩大的吴三桂大军在初期打得非常顺利，到康熙十三年（1674）正月的一年时间里，吴三桂已控制了云、贵、川、湘、闽五省。

但是，打到湖南，连破沅州、常德、衡阳、岳州等地之后，老迈的吴三桂露出军阀的暮气，也许是为了保全既得的胜利，也许是企图割据江南。总之，吴军没有乘胜北伐，反而下令大军按兵不动，不过江，在战略上犯了保守主义的错误。这时，康熙派出的宁南靖寇大将军、顺承郡王勒尔锦所率领的南下清军也只是与吴军隔长江对峙，不敢渡江进攻。

此时，康熙面临着诸多考验。吴军叛乱后，北京城内自称"朱三太子"的杨起隆也起事反清；北方蒙古察哈尔部王子布尔尼也密谋反叛。面对清军节节败退，康熙镇定自若，表现出雄才大略。而吴三桂的保守战略也给了清廷喘息之机，康熙得以从容调动全国的兵力。为了保证前方军情能在几天之内传至京城，清政府增设了大批的军事驿站，康熙每天亲自批阅三四百件军报，全面了解战况。

康熙十三年（1674），吴三桂兵分两路再度出击：一路由湖南进攻江西，一路由四川进攻陕西，企图分散清军兵力，扩大势力范围。

然而，此一时彼一时，经过五个月的调整，康熙已经完成了对全国兵力的重新部署，做好了全力反击的准备。

在浙江、福建战场上，康亲王杰书率军与先期到达的兵部侍郎李之芳会合，攻击耿精忠。当时，耿精忠的部将已经占领金华、处州（今丽水）、天台、义乌等地。杰书的部队达到后，清军步步为营，逐个收回失地。康熙十五年（1676），清军攻克仙霞关，进入福建，耿精忠投降。

在江西战场上，安亲王岳乐率军迎击吴军和耿军，相继收复了龙泉、西塘、宁州、建昌、永新和庐陵等地。

在西北战场上，康熙采取剿抚并施的政策。一方面派王继贞持诏入陕，招抚其父、投靠吴三桂的陕西提督王辅臣；一方面任命大学士图海统一指挥西北战场的各部清军。图海调集兵力攻打王辅臣，同时，命令甘肃提督张勇与总兵王进宝进攻汉中吴三桂的强将王屏藩，切断王辅臣与王屏藩之间的联系。双管齐下，王辅臣投降。

不久,广东的尚之信、广西的孙延龄也放下武器投降。

在湖南战场上,贝勒尚善率军由湖北南进,协助郡王勒尔锦攻打湖南。当时,吴三桂的将领夏国相以数门红衣大炮坚守萍乡,清军久攻不下。于是,康熙委任宠信的西洋人南怀仁赶造新式大炮。康熙十五年(1676),清军占领萍乡,乘胜直指长沙。此时,东、西两战场的叛军已经平定,只剩下吴三桂仍然坚守岳州、长沙,不肯罢手。

康熙十六年(1677),简亲王喇布围攻江西吉安,吴三桂的两员大将高大杰病死、韩大任投降,沉重地打击了吴三桂的气焰。

康熙十七年(1678),67岁的吴三桂自知时日不多,匆忙在湖南衡州登基称帝,建国号"大周",改元昭武。同时,大封百官诸将,鼓舞士气。

此时,清军已经占领永兴。永兴为衡州的门户,距衡州仅百余里。吴三桂即刻调集得力将领马宝、胡国柱等各部围攻永兴。这一战,事关吴三桂的生死存亡,因此,吴军与清军拼死大战,清都统伊里布、护军统领哈克山先后战死。就在永兴即将失守之时,八月十八日,仅做了5个月皇帝的吴三桂病死,吴军退回。随后,其孙吴世璠即位,改元洪化,撤往贵阳。吴三桂死后,其部将也曾死守岳州、衡州,围攻永兴。但是,失去主心骨的吴军,士气低迷,最终弃城而逃。清军完全控制了湖南。广西、贵州、四川的吴军残部也渐被击溃,只剩下退守昆明的吴军余部仍在活动。

康熙二十年（1681），清军兵分三路——由粤、湘、蜀攻入云南，昆明城破，吴世璠自杀。一场席卷10省、历时8年的三藩叛乱被彻底平定。

在平定三藩的过程中，八旗兵暴露出严重弱点。入关30年来，优裕的生活消磨了八旗兵勇敢善战、所向披靡的传统，渐趋奢腐的生活，大大削弱了八旗兵的作战能力。沙场上畏葸不前，贪生怕死。那些生于富足、长于安乐之中的王公贝勒们，虽然承袭了兵权，战场上却表现得庸碌无能，败绩累累。只有图海、喇塔、穆占和岳乐仍然果敢勇猛。

相比而言，汉军绿旗兵在平乱中却发挥了决定性的作用。为此，康熙及时给予鼓励和封赏。得到首肯的绿旗兵越战越勇，就此提高了地位，西北的张勇、赵良栋、王进宝、孙思克以及浙江的李之芳、福建的姚启圣、湖北的蔡毓荣、广西的傅宏烈等绿营将领都因战功卓著而得到破格重用。

削平三藩之后，清朝廷才真正统一了关内，掌握了关内统治权。接着，改革行政、财政经济，以及边疆问题被提上日程。

去年今日此门中，人面桃花相映红。

人面不知何处去，桃花依旧笑春风。

——〔唐〕崔护《题都城南庄》

施琅统一台湾

顺治十八年（1661），郑成功从荷兰殖民者手中收回台湾，不久病逝。当时，其子郑经正留守厦门，讣告至厦门之后，郑经宣布承袭父位。但是，郑经的叔父郑世袭已经在台湾被部下拥立即位。郑经随即率军入台，与叔父郑世袭发生权力火并。最终，郑经统治台湾，与清朝分庭抗礼。

起初，清朝一直试图招抚郑经，郑经则要求效法朝鲜，做个属国，向大清进贡。清朝廷不同意。康熙指出："若郑经留恋台湾，不思抛弃，亦可任从其便。至于比朝鲜不剃发，愿进贡投诚之说，不便允从。朝鲜系从未所有之外国，郑经乃中国之人。"

三藩叛乱之时，康熙十三年（1674），郑经亲率兵马3万、战船300艘，伙同吴三桂、耿精忠起兵，占领厦门、漳州、泉州、潮州、惠州等地。康熙十九年（1680），在清军的进攻下，郑经败退台湾。康熙二十年（1681）春，郑经病逝，终年39岁，12岁的次子郑克塽袭位。

此时，康熙平定了三藩，腾出手来整饬边疆，当即抓住台湾政局动荡之机，任命施琅为福建水师提督，率军统一台湾。

施琅（1621—1696），字尊侯，号琢公，福建晋江人，自幼生长在海边，少年从师学剑，武艺超群。曾是郑芝龙的部将，并随郑芝龙降清。顺治三年（1646），施琅投奔郑成功，参加抗清斗争。但是，施琅个性极强，在是否追随南明永历帝等问题上与郑成功观点相左，导致二人矛盾激化。一天，郑成功因施琅"违令不遵"，公然挑衅自己的权威而将其拘捕，并将施琅的父亲、弟弟及家人一同抓起来。施琅在部将的帮助下逃跑，郑成功派人追捕未果，盛怒之下，杀了施琅的父亲、弟弟。施琅愤而再度降清。

降清之后，施琅被任命为福建同安副将，后升为同安总兵。施琅数次上疏康熙请求攻台。康熙元年（1662），施琅被提升为福建水师提督。1664年至1665年，施琅先后三次奉命进军澎湖，都因遇到飓风无功而返。当时，施琅的儿子施齐、侄子施亥还在台湾，郑经为离间施琅，故意重用施齐与施亥。而康熙的对台政策也以招抚为主，又听信了密报，怀疑施琅有二心，撤了他的提督衔，明升暗降，调入京师为"内大臣"，将其软禁起来，一禁就是10多年。

康熙二十年（1681）春，"三藩之乱"已平，郑经已死，台湾政局恶化，全岛又突发灾害，洪水淹没良田，疫病踵接，死者枕藉，兵匪肆虐，社会陷入危机。高级将官纷纷率兵投奔大陆，或与清朝秘密联系，以待清军复台时做内应。面对这种形势，康熙决心武力收复台湾，复命施琅为福建水师提督，加太子少保衔，即赴前线，操练水师，待机进取台湾。

尽管做好了武力攻台的准备，康熙仍然希望和平解决台湾问题。康熙二十一年（1682）十一月，福建总督姚启圣派人赴台谈判。当时，郑氏希望继续割据一方，提出"遣使赍书，愿称臣入贡，不剃发登岸"。结果，谈判再次破裂。

康熙二十二年（1683）六月，施琅率领清军水兵2万、战船300艘，从福建铜山（今东山）海域启程，攻取台湾的战略前哨——澎湖列岛。

郑军主帅刘国轩在20余里的澎湖沿岸上建立了坚固的防御工事，并集结主力部队，决心严防死守。当时还是大风大浪季节，形势对施琅相当不利。然而，施琅毫不畏缩。六月二十二日，施琅率军苦战于澎湖。经一天激战，打死刘国轩麾下曾瑞、王顺、江胜、丘辉等50多名将、兵士1.2万余人，俘虏5000余人，焚毁其大船20余艘、一般船只百余艘。郑军几乎全军覆没，只有刘国轩等数名高级将领乘小船逃回台湾。此战，清军伤亡2100多人，总兵朱天贵战死，总兵林贤重伤，施琅失去一只眼睛。

澎湖是台湾的门户，刘国轩败走，台湾门户洞开。清军大兵压境，郑氏集团惶惶不可终日。然而，清军占领澎湖后，施琅并不急于进军台湾，反而厚待投降和被俘的郑军将士，稳定民心。施琅在澎湖"抚绥地方，人民乐业，鸡犬不惊"，使得台湾、澎湖军民"莫不感泣，愿内向"。

郑克塽、刘国轩见施琅"无屠戮意",也愿意归顺。八月,施琅率军和平入台。郑克塽带领文武官员缴册降清。这是继郑成功收复台湾之后,中国疆土再次得到统一。

康熙接到郑氏归降奏报的那一天,恰逢八月十五。康熙欣然赋诗言志,留下《中秋日闻海上捷音》七律一首:

> 万里扶桑早挂弓,水犀军指岛门空。
> 来庭岂为修文德,柔远初非黩武功。
> 牙帐受降秋色外,羽林奏捷月明中。
> 海隅久念苍生困,耕凿从今九壤同。

为表彰施琅统一台湾的贡献,康熙授予他"靖海将军"称号,加封"靖海侯"。

康熙二十三年(1684),清政府在台湾设一府(台湾府)三县(台湾、凤山、诸罗),隶属福建省;设巡道1人,总兵官1人,副将2人,驻台兵力8000人;在澎湖设副将1名,驻军2000人。此后,台湾进入了一个新的历史时期。

醉里挑灯看剑，梦回吹角连营。八百里分麾下炙，五十弦翻塞外声，沙场秋点兵。

马作的卢飞快，弓如霹雳弦惊。了却君王天下事，赢得生前身后名。可怜白发生！

——〔南宋〕辛弃疾《破阵子·为陈同甫赋壮词以寄》

抗击沙俄侵略

早在明朝末期，沙皇俄国东扩的脚步就伸到了我国的北方边陲，并且不断侵犯边境。

清军入关后，东北武备空虚。沙俄趁机东进，侵入我国黑龙江流域，占领雅克萨（今阿尔巴津）、尼布楚（今涅尔琴斯克）、呼玛尔（今黑龙江呼玛南湖通镇）等地。清政府多次向俄国提出抗议，沙俄政府不但置若罔闻，还妄想清朝廷"归依沙皇陛下最高统治之下"。

康熙二十年（1681），三藩平定，康熙将注意力转向东北地区，决定反击沙俄的侵略，解决边疆问题。

康熙二十一年（1682），康熙命尚书伊桑阿至吉林乌拉督修船舰，增加运输船和战舰。从科尔沁十旗和锡伯、乌拉官庄征集粮食1.2万石；并派副都统马喇至邻近黑龙江前线的索伦村购买牛羊牲畜，以备军需。

康熙二十二年（1683），康熙下令清军在瑷珲（今俄罗斯维谢雪村）、呼玛尔建立两个木城，储备粮食，建筑仓库；在两木城之间，以及通往索伦城的路上设立驿站；开辟沟通辽河、松花江和黑龙江的交通干线；将宁古塔将军所辖西北部地区划出，设置黑龙江将军府，任命宁古塔副都统萨布素担任首任"镇守黑龙江等处将军"，调集兵力，勤加操练。

为了确保信息畅达，加强黑龙江前线与后方重镇、水师营驻地及交通枢纽吉林城的联络，康熙二十三年（1684），康熙命户部郎中包奇开辟从吉林城至瑷珲间的驿站，丈量1340里，共设置19驿。这条驿路还与吉林、盛京间原有的驿路联结起来，形成了直达京师的交通网。

康熙二十四年（1685）二月，一切准备就绪。康熙派出都统彭春、副都统郎谈、黑龙江将军萨布素等，率兵18000人、野战炮150门、攻城炮40门，分水、陆两路，进取雅克萨。

七月二十四日，清军抵达雅克萨城下，先向俄方守将托尔布津下达了用满、蒙、俄三种文字书写的通牒文，令其归还领土、撤走人马。托尔布津不从。双方随后交火，经过1天1夜的激战，沙俄侵略军死伤重大，托尔布津走投无路，出城乞降。托尔布津撤退到尼布楚。清军焚毁雅克萨的堡垒后，退到瑷珲等地。

清军离开大约一周后，八月，俄军再次侵占雅克萨，在旧城堡的废墟上重建了城堡，架设大炮，修盖火药库、军需库和粮仓。

康熙二十五年（1686），康熙下令再次讨伐。清军2000余人进抵雅克萨城下，开始攻城。由于俄军已加强了兵力，清军并未能像上次那样速战速决。经过几个月的激烈战斗和围困，俄军困守孤城，水源断绝，严冬来临，饥寒交迫。俄军从开战时的826名，减员至150人，再也无力抵抗。沙俄政府主动求和，要求与清政府谈判。为了表示和平谈判的诚意，清朝政府主动解除了对雅克萨的包围。

康熙二十八年（1689），中俄双方代表在尼布楚展开谈判。清政府的代表是领侍卫内大臣索额图，沙俄政府的代表是大臣戈洛文。谈判并不轻松，双方都是寸土必争。当时，康熙需要应对蒙古噶尔丹的挑战，希望与沙俄迅速缔结和约，指示可以把尼布楚让给俄国。于是，经过半个月谈判，双方于七月二十四日正式缔结《尼布楚条约》，即《尼布楚议界条约》。

条约规定："以流入黑龙江之绰尔纳河，即鞑靼语所称乌伦穆河附近之格尔必齐河为两国之界。格尔必齐河发源处为石大兴安岭，此岭直达于海，亦为两国之界：凡岭南一带土地及流入黑龙江大小诸川，应归中国管辖；其岭北一带土地及川流，应归俄国管辖。唯界于兴安岭与乌第河之间诸川流及土地应如何分划，今尚未决，此事须待两国使臣各归本国，详细查明之后，或遣专使，或用文牍，始能定之。又流入黑龙江之额尔古纳河亦为两国之界：河以南诸地，尽属中国；河以北诸地，尽属俄国。"

条约还规定，俄国在雅克萨所建城堡一律拆除，俄国人全部迁走。此外，条约对越界、双方侨民及贸易等事项也均有具体规定。

《尼布楚条约》是中俄双方签订的第一个边界条约，也是中国和外国订立的第一个正式外交条约，从法律上确认了格尔必齐河和额尔古纳河以东，外兴安岭直至鄂霍次克海以南的乌苏里江和黑龙江流域（包括库页岛在内）的广大地区，都是中国的领土。这个条约维持了一百多年，鸦片战争后遭到沙俄的破坏。

明月出天山,苍茫云海间。

长风几万里,吹度玉门关。

汉下白登道,胡窥青海湾。

由来征战地,不见有人还。

戍客望边色,思归多苦颜。

高楼当此夜,叹息未应闲。

——〔唐〕李白《关山月》

康熙亲征噶尔丹

康熙集中精力解决东北边境问题之时,西北边境再起事端。

当时,蒙古分为漠南蒙古、漠北喀尔喀蒙古和漠西厄鲁特蒙古三大部分。漠北喀尔喀蒙古又分为扎萨克图、土谢图、车臣三部;漠西厄鲁特蒙古则分为准噶尔、和硕特、杜尔伯特、土尔扈特四部。

早在皇太极时期,漠南(今内蒙古)就已经臣属清朝。漠北和漠西两部时而与清朝通使,时而为寇犯边。

其中,漠西蒙古各部里最为强大的是准噶尔部。康熙初年,准噶尔部出现了一位强悍的首领——噶尔丹。他吞并了漠西其他三部,征服了青海和天山南北。康熙二十七年(1688),噶尔丹又出兵攻打漠北喀尔喀蒙古,成功吞并漠北诸部。漠北土谢图部的汗王察珲多尔济带领几十万漠北蒙古人逃到漠南,请求清朝保护。康熙得知此事后,命尚书阿尔尼负责收留、安置工作。

野心勃勃的噶尔丹不肯放手,决定乘胜追击。康熙二十九年(1690),噶尔丹率 2 万精兵进犯距离北京 900 里的乌珠穆沁旗,清廷为之震动。

为了应对噶尔丹的威胁、巩固北方边疆,康熙决定御驾亲征。裕亲王福全受命为抚远大将军,率左路军出古北口(今河北滦平南);恭亲王常宁为安北大将军,率右路军出喜峰口(今河北宽城西南)。同时令盛京将军(治所设在今沈阳市)、吉林将军(治所设在今吉林市)率所部兵力,西出西辽河、洮儿河,与科尔沁蒙古兵会合,协同清军主力作战。康熙亲临驻博洛和屯(今内蒙古正蓝旗南),指挥全军。

右路清军首先在乌朱穆沁遭遇噶尔丹的军队,打了败仗。噶尔丹乘胜南下,攻打到距离北京只有 700 里地的乌兰布通(今内蒙古赤峰克什克腾旗)。

康熙命康亲王杰书替换恭亲王常宁,靠拢福全,左右两路军会合。康熙二十九年(1690)八月初一,清军与噶尔丹在乌兰布通展开激战。噶尔丹将上万匹骆驼缚蹄卧地,背负木箱,盖上浸了水的毯子,排成一道"驼阵"防线,士兵躲在"驼阵"后面放枪射箭。清军用火炮、火枪对准"驼阵"的一段集中轰击,打开了缺口,步兵骑兵一起冲杀过去,噶尔丹大败,带着残兵逃到漠北。

回到漠北后，噶尔丹假意向清朝政府求和，暗中继续招兵买马。康熙三十三年（1694），康熙约见噶尔丹，希望订立盟约。噶尔丹拒绝会面，还派人到漠南煽动叛乱，扬言已经向沙俄借到鸟枪兵6万，将大举进攻。

康熙得到消息后，决定二次亲征。康熙三十五年（1696）二月，康熙调集9万军队，分东中西三路迎战噶尔丹。三月，康熙亲率中路军3.4万人出独石口（今河北沽源南）出长城北上，直指克鲁伦河上游；黑龙江将军萨布素率领东三省清军9000余人从东路越兴安岭西进，出克鲁伦河会合科尔沁各旗，实行牵制性侧击；抚远大将军费扬古、孙思克率陕甘绿营兵4.6万人西出宁夏，切断噶尔丹的退路。三军约定会师时间，夹攻克鲁伦河，分进合击噶尔丹。

五月初，康熙的中路军经科图（今内蒙古苏尼特左旗北）渡漠北进，逐渐逼近敌军。听说清军精锐部队浩浩荡荡开来，西路清军已过土剌河，有遭受夹击的危险，噶尔丹连夜逃走。康熙的中路军到达克鲁伦河畔时，噶尔丹已经带兵奔走了5天5夜，逃到昭莫多（今蒙古国乌兰巴托东南）。

而费扬古、孙思克率领的西路军已接到康熙谕旨，在噶尔丹西撤的必经之路——昭莫多埋伏下重兵。昭莫多原是一座大树山林，前面有一个开阔地带，历来是漠北的战场。

噶尔丹军抵达昭莫多后，清军先派400人迎战，且战且退，把敌军引进伏击圈。随后，号角声起，箭枪齐发，展开了一场激战。费扬古又派出一支人马在山下袭击噶尔丹的后队，前后夹击。噶尔丹大败，他的王后阿弩也是一员骁将，战死沙场。噶尔丹在几十名骑兵拼死护卫下夺路北逃。

噶尔丹虽然大败，威风扫地，却拒不投降。康熙三十六年（1697），康熙锲而不舍地第三次亲征噶尔丹，带兵渡过黄河，西出宁夏。而此时的噶尔丹已是末路狂徒，他想要逃回漠北的老巢伊犁，但是伊犁已经被他的侄儿策妄阿那布坦占领，且准备抓他向清廷邀功。噶尔丹又派儿子去哈密征粮，却被哈密的回王扣押，交给了清军。部下们眼见噶尔丹大势已去，纷纷投降清朝。走投无路的噶尔丹，最终选择服毒自杀。

此后，清政府重新控制了阿尔泰山以东的漠北蒙古，并在乌里雅苏台设立将军行所，对当地蒙古贵族颁赐封号和官职。

为了安抚边疆，康熙将阿尔泰山以西、天山以北的厄鲁特四部赏赐给噶尔丹的侄子策妄阿那布坦管辖。十几年之后，策妄阿那布坦的势力逐渐加强，控制了天山南北。康熙五十六年（1717），策妄阿那布坦出兵占领拉萨，杀拉藏汗，妄图吞并西藏。

西藏的拉藏汗是清朝廷认可的，也是由清廷委任、管理西藏事务的地方政府首脑。早在康熙五十二年（1713），清朝廷已遣特使入藏，册封五世班禅罗桑意希为"班禅额尔德尼"，让他协助拉藏汗管理西藏事务。

策妄阿那布坦占领拉萨后，康熙当即调兵入藏，攻打叛军。

但由于准备不足,大败而还。康熙五十九年(1720),康熙再次派兵,从青海和四川兵分两路,进军西藏。准噶尔军占领西藏后,到处烧杀抢掠,令西藏人民深恶痛绝,因此清军得到了当地人民的支持,顺利驱逐了策妄阿那布坦,维护了边疆地区的安定与和平。

半亩方塘一鉴开，天光云影共徘徊，

问渠那得清如许，为有源头活水来。

——〔南宋〕朱熹《观书有感》

太平盛世有源流

康熙是中国历史上在位时间最长的皇帝，8岁即位，14岁亲政，终年69岁，在位时间长达61年。

康熙执政时期，秉持"宽仁"的治国理念，强调"国家致治，首在崇尚宽大，爱惜人才"，"天下当以仁感，不可徒以威服"，在刑罚上主张"力行教化"，"尚德缓刑"。

康熙爱惜人才，不拘一格，广纳天下人才。作为少数民族，满族人才毕竟有限，顺治时期开始广泛任用汉官。但是，满、汉官员即便职位相同，品级却相差悬殊，民族歧视明显，汉官心存怨气，一些汉人知识分子对清政权心怀仇恨。为了安抚汉官，康熙加大力度笼络汉族士大夫、知识分子，为己所用。康熙常常表示"满汉皆朕之臣子"，大力提倡"满汉一体"，谕令"满汉官员职掌相同，品级有异，应行画一"。另外，康熙还以编修《明史》、增设"博学鸿词科"等特科科举方式延揽人才。虽然一些坚持民族气节的汉族知识分子如黄宗羲、顾炎武、魏禧等人不为所动，但是，康熙的努力还是赢得了不少"名士"和汉官的响应。在贤能臣士的协助下，康熙帝的一系列治国方针得以顺利实施。

清初，长期战乱和清政权实施的圈地政策导致社会生产凋敝。顺治年间曾先后两次诏停圈地，但是，直到康熙初年圈地仍然存在。康熙亲政后，于康熙八年（1669）下令停止圈地，并实行"更名田"。即把一部分明代藩王所占田地分给"原种之人，令其耕种"，永为世业，使耕种藩田的农民成为自耕农。康熙二十四年（1685），再次下令：直隶州县停止圈地。清初的圈地弊政至此终止。

为了鼓励垦荒，促进农业生产，康熙还修订了顺治年间的垦荒定例，将征税时间后延，由开荒6年后"起科"（纳税），改为"通计十年，方行起科"。荒地田赋和灾民的赋税均予免除，减轻了农民负担。

官员的政绩也与招人垦荒挂钩，调动了官员和百姓的垦荒积极性。经过几十年的努力，曾经抛荒严重的两淮地区，至康熙中期已是"无尺寸之荒芜"；而因三藩叛乱倍加残破的云南、贵州、广西、四川等省，到康熙晚年也"开垦无遗"。

诸多利民措施的实施，有效地促进了农业生产力的发展。富裕的农民开始重视农业生产工具的开发和使用，积极改进和提高农业生产技术，种植稳产高产的农业品种。在康熙末年，双季稻在江南一带得到大面积的推广，改写了以往江南水稻只收一季的历史，产量有了成倍的提高。南方的水稻、菱角等作物也移植到了北京地区。

在农业基础设施建设方面，康熙深知兴修水利的重要。清初，黄河水患严重。康熙最初的16年间，黄河大堤决口达67次，仅康熙十五年（1676），砀山（江苏西北）以东黄河两岸决口21处，洪泽湖的高家堰大堤决口达34处。黄河泛滥常常导致运河大堤崩塌，运道不通，漕运受阻，严重影响人民生产、生活和生命安全。因此，康熙帝亲政后将"三藩"、河务、漕运列为三大要务。

康熙任命靳辅为河督，提拔平民出身、精通水利河渠之术的陈潢协助治河。通过十余年的治理，大见成效。其间，康熙先后六次南巡视察河工，并与河臣讨论治河方案。为了彻底解决治河问题，康熙阅读了大量的水利书籍，深入研究，亲自进行试验，提出自己的治河设想，在治理黄河、淮河、运河、永定河上取得很大成绩。

然而，康熙这些看似恢宏的成就下却隐藏着吏治腐败的危机。在平"三藩"时，清廷曾因军费不足，开始在所谓"搜集异途人才，补科目所不及"的名义下，实施捐官制度（又称捐纳）。三年内收银200余万两，捐纳官的知县达500多人。"三藩"平定后曾经废止了捐官活动，但是，因为治河及出兵青海急需银两，捐纳制死灰复燃，导致康熙末年吏治腐败。

康熙中期以后，社会秩序相对稳定，农业带动经济发展，手工业得以恢复和提高。纺织、矿冶、制瓷等手工业部门分工逐渐细化，生产规模也有所扩大。康熙摒弃"重农轻商"的陈见，鼓励百姓经商，并制定相应措施，维护工商从业者的经济利益。

在促进国内经济发展的同时，康熙还积极发展海外贸易。顺治年间，清政府为了打击郑氏集团，实行海禁。康熙二十三年（1684），统一台湾的次年，康熙开放海禁，允许海上贸易，康熙二十四年（1685），清廷分别在广东、福建、浙江和上海四地设立海关，建立关税制度，促进对外贸易发展。但是，由于开放海禁后，"每年造船出海贸易者，少至千余，回来者不过十之五六，其余悉卖在海外，赍银而归"，加之海寇活动频繁，清廷又于康熙五十六年（1717），实施了禁止南洋[①]贸易令。

伴随着政治、经济形势的逐步稳定，康熙时期的文化事业也得到了发展。纂修了《康熙字典》《古今图书集成》《律历渊源》《全唐诗》等多部书籍，总计60余种，2万余卷。

康熙一生勤于政务，好学敏求，诸子百家、律吕、数理、医学、自然学、佛教经论、道书，无不涉猎。对西方自然科学也有极其浓厚的兴趣。早在康熙七年（1668），康熙亲政之初，即为汤若望平反，任南怀仁为钦天监监正，恢复时宪历，康熙还聘任法国耶稣会传教士白晋和张诚为科学顾问，为他讲解自然科学，同时在清廷从事科学活动。康熙五十二年（1713），康熙创建了古代的"中国科学院"——蒙养斋算学馆；康熙还主持用经纬度法重

---

① 地理学家李长傅在《南洋史纲要》中称："所谓南洋者，以其在我国之南方，而远隔重洋也。从广义上说，自后印度半岛、马来半岛、马来群岛，以迄澳大利亚、新西兰，东括太平洋群岛，西包印度皆谓之南洋。"

新绘制了中国地图——《皇舆全图》，史学家李约瑟评价这幅地图"不仅是亚洲当时所有地图中最好的一种，而且比当时所有欧洲地图更好、更精确"。

白晋在康熙三十七年（1698）出版的《中国皇帝康熙传》中写道："康熙带着极大的兴趣学习西方科学，每天都要花几个小时和我们在一起，白天和晚上还要用更多的时间自学。他不喜欢娇生惯养和游手好闲，常常是起早贪黑……尽管我们谨慎地早早就来到宫中，但他还是经常在我们到达之前就准备好了，他急于向我们请教一些他已经做过的一些习题，或者是向我们提出一些新的问题。"

遗憾的是，康熙没有将更多的科学知识向大众推广，去推动社会发展，只是作为个人兴趣，仅在宫廷流传。但是，康熙对传教士的推崇和重视，使得来自西方的宗教信仰开始在民间大行其道。

最初，清廷对西方宗教在中国的传播采取了宽容的态度。康熙三十一年（1692），清廷颁布了"基督教宽容敕令"，明确表示传教士可以在中国传播天主教教义，同时中国老百姓也可以领洗成为天主教徒。最初，西方宗教遵守中国的传统风俗礼节，允许中国的教徒拜祖宗、拜孔子。但是，随着教徒的增加，及清朝廷的认可，西洋教会认为自身在中国的地位已得到提升，罗马教廷发布了禁止中国教徒遵行中国传统礼节的禁令，规定凡入教者只能信仰耶稣一个神，不能拜祖宗、拜孔子。这一禁令引发康熙对天主教的不满。康熙四十六年（1707），清廷要求传教士尊重中国的传统礼节，否则"断不准在中国住，必逐回去"。康熙六十年（1721）十一月，罗马教廷第二次派使臣到达北京，向清廷重申不准中国天主教徒祭祖、祭孔的教皇禁令。康熙听奏后勃然大怒，谕令彻底禁止西洋传教士在中国行教，由此遏制了西方宗教在中国的发展势头。

康熙对外维护中国传统文化，对内则加强专制思想统治。清军入关后，清廷对明朝留下来的文人，采取了招抚方针。但是，怀有民族情感的汉族知识分子，却始终令清朝统治者不安。康熙二年（1663），江南士人庄廷珑延揽江南一带才子私修明史，由于其在编撰的《明史辑要》中颂扬明王朝，清廷以毁谤当朝的罪名，将参与该书编撰的人士及其父、兄弟、子侄15岁以上者70余人斩决，数百人被发配边疆，这就是著名的文字狱——《明史》案。此后，又发生了著名的《南山集》案。安徽桐城人、翰林院编修戴名世，曾搜集明史资料编写了一部作品《南山集》，在书中，戴名世引用了已故同乡方孝标的作品《滇黔纪闻》中的内容。方孝标曾在云南吴三桂手下做过官，将明末清初的滇、黔所见所闻记录成书。但是在书中都以南明政权的年号标记时日，并以南明桂王死后次年为清朝定鼎之年。康熙五十年（1711），都察院左都御史赵申乔检举戴名世"妄窃文名，恃才放荡"，"语言狂悖"，康熙命刑部查处。最终，戴名世被处斩，已故的方孝标则被掘墓"戮尸"，两家众多族人被流放宁古塔。文字狱是对文化思想进行严密控制的一种手段，康熙一朝开了个坏头，大兴文字狱十余次，使得后世雍正、乾隆两朝文字狱的次数更多、株连更广、处罚更严。

晚年的康熙被继承人问题扰得不得安宁。康熙有55位后妃①，在清朝十二帝（包括入关前的清太祖努尔哈赤与清太宗皇太极）中子女最多，共计55个孩子，其中女儿20人，儿子35人。

康熙十四年（1675），刚刚1岁的皇二子胤礽被册立为太子。康熙对这位储君倍加呵护，寄托了太多的希望。可是胤礽很不争气，性格骄横暴躁，常常做出一些让康熙气愤的事情，回报给康熙的尽是失望。册立太子33年之后，康熙废除了太子。这时，康熙的很多儿子们也已长大成人，不乏良才。但是，康熙对立储之事变得谨慎，不再急于册立新的太子。太子之位虚悬，皇子们开始集党结社，明争暗斗。

康熙四十八年（1709），康熙复立胤礽为皇太子，但是，三年后又将其废除。皇太子两立两废，三位皇子（皇太子胤礽、皇长子胤禔、皇八子胤禩）也接连受罚，康熙为立储君之事还杀了一些大臣。这位能摆平天下却理不清家事的皇帝，常常为立储之事烦恼和郁闷。

康熙六十一年（1722）十一月十三日，康熙在北京畅春园去世，终年69岁。葬于清东陵之景陵（今河北遵化市昌瑞山），庙号"圣祖"。

---

① 清朝后妃建制：皇太后、皇后、皇贵妃（一称懿贵妃）、贵妃（二人）、妃（四人）、嫔（六人）、贵人、常在、答应。

人生七十古来少，前除幼年后除老。
中间光阴不多时，又有炎霜与烦恼。
花前月下得高歌，急需满把金樽倒。
世人钱多赚不尽，朝里官多做不了。
官大钱多心转忧，落得自家头白早。
春夏秋冬捻指间，钟送黄昏鸡报晓。
请君细点眼前人，一年一度埋荒草。
草里高低多少坟，一年一半无人扫。

——〔明〕唐寅《一世歌》

雍正王朝

康熙六十一年（1722）十一月十三日，康熙去世，45岁的皇四子雍亲王爱新觉罗·胤禛（1677—1735）即位，改年号为"雍正"。

前面提到，康熙晚年，诸皇子们为了争夺储君之位，结党争斗。除了胤礽的太子党，当时还有两派——皇八子（胤禩）党和皇四子（胤禛）党。

康熙在位时间很长，到第一次废太子时，胤礽已经苦等了33年。太子党急于抢班夺权，令康熙非常气愤和担忧："朕不卜今日被鸩，明日遇害，昼夜戒慎不宁。"在忍无可忍的情况下，康熙在木兰围场召集诸大臣和诸皇子当众宣布废黜太子，史书记载，康熙一边宣谕，一边哭泣，宣谕完毕，康熙扑倒在地，被人搀扶起来。因为过于伤心，康熙连续七天七夜不吃不睡，得了中风，右手不能写字，改用左手批答奏章。

太子党被打压之后，皇八子党又跳了出来。皇八子胤禩智勇双全，深得人心，康熙也曾非常看重他。废太子后，胤禩被任命为内务府总管事，周围聚拢了一批拥护者，包括皇长子胤禔、皇九子胤禟、皇十子胤䄉、皇十四子胤禵和一些王公大臣，积极钻营，精心谋划，为皇八子胤禩争取皇太子的地位。

但是，结党争位是康熙最反感和忌讳之事，康熙曾在盛怒之下将支持党争的尚书用五个钉子活活钉死，还将已故大臣的尸体挖出来，碎尸焚骨。可见康熙对皇子争位深恶痛绝。

太子党与皇八子党二虎相争，两败俱伤，而皇四子胤禛却不露声色，韬光养晦，忠心效力，不问收获。追随他的皇子只有两位，皇十三子胤祥和皇十七子胤礼。康熙三十七年（1698），胤禛被封为贝勒，康熙四十八年（1709）被封为雍亲王。1722年，康熙病逝后，雍正继承皇位。

但是，雍正是如何获取皇位的，一直是个历史之谜。关于他的继位众说纷纭，有弑父夺位说，也有改诏篡位说，而官方记载是，康熙临终前传下遗诏："皇四子胤禛人品贵重，深肖朕躬，必能克承大统，着继朕登极，即皇帝位。"

雍正即位后，为了巩固皇权，采取雷霆手段排除异己、坚决打击昔日的政治对手。远在西北、手握重兵的皇十四子胤禵回京奔丧，被降爵软禁，后来又被送去守陵墓；皇八子先被提升再被降职，后来也被圈禁。其他皇子或被圈禁，或被发配、流放，来自诸皇子的权力竞争相继被分化瓦解。只有一直追随胤禛的皇十三子胤祥、皇十七子胤礼得到重用。皇十三子胤祥被封为怡亲王，成为总理事务大臣之一，备受信任；皇十七子胤礼被封为果郡王，先任理藩院的管院大臣，后任宗人府宗令、管户部，不久又晋爵为果亲王。

出于集权的需要，在剪除兄弟异己之后，雍正对居功自傲的近臣年羹尧（1679—1726）和隆科多（？—1728）也予以镇压。

年羹尧是汉军镶白旗人，出身于官宦家庭，其父年遐龄官至工部侍郎、湖北巡抚，其兄年希尧也曾任工部侍郎。年羹尧自幼读书，颇有才华，康熙三十九年（1700）中进士，授职翰林院检讨。翰林院号称"玉堂清望之地"，年羹尧能够跻身其中，也算是非同凡响的佼佼者了。9年后，年羹尧升任内阁学士，不久出任四川巡抚，还不到30岁就成为封疆大吏。在击败准噶尔部首领策妄阿拉布坦入侵西藏的战争中，年羹尧为保障清军的后勤供给显示出卓越才干。康熙五十七年（1718），升任四川总督，兼管巡抚事，统领军政和民事。康熙六十年（1721），康熙御赐年羹尧弓矢，升为川陕总督，成为镇守西北的重臣。

年羹尧与雍正的关系始于康熙四十八年（1709），当时的皇四子胤禛晋封为雍亲王，兼任镶黄旗旗主，年羹尧的妹妹被选为雍亲王的侧室福晋，年家因此从下五旗之一的镶白旗，升入上三旗之一的镶黄旗。此后，胤禛与年羹尧既是郎舅，又是主仆。在胤禛与诸皇子的皇位大战中，实力人物年羹尧发挥了重要的作用。

雍正初年，年羹尧成为新政权的核心人物，被视作社稷重臣，封为抚远大将军。早在雍正元年（1723），年羹尧曾率军驰骋疆场，纵横千里，以迅雷不及掩耳之势横扫敌营，平定青海罗卜藏丹津叛乱，立下赫赫战功，"年大将军"的威名从此震慑西陲，享誉朝野。

年羹尧虽远在边陲，雍正却让他参与朝政，常常征求、采纳其意见。但是，年羹尧权力膨胀，骄横傲慢，排斥异己，任人唯亲，在军中及川陕用人自专，称为"年选"，形成庞大的年羹尧集团。甚至在雍正面前忘乎所以，常常"无人臣礼"，引起雍正的警觉和反感。雍正三年（1725），年羹尧被雍正定下92条罪状，削官夺爵赐死，并斩其子年富。

至于隆科多，则是满洲镶黄旗人，姑姑是康熙的生母佟佳氏，妹妹是康熙的孝懿仁皇后。佟氏先祖属于满族的前身女真族人，世居辽东佟佳江一带，始祖名叫达尔汉，从事贸易开始寓居开原，后来迁移至明朝的抚顺关。1618年，努尔哈赤挥师攻下抚顺，佟氏全家老小主动归附。满族有佟、关、马、索、齐、富、那、郎"八大姓"之说，佟姓位列八大姓之首。俗言清代官员佟氏号称"佟半朝"。经考证，包括皇后、妃嫔在内，佟佳氏在清廷任职者108人，任知府、知县者577人。

在康熙晚年，隆科多累官至一等侍卫、步军统领，掌管北京城卫戍部队，地位十分重要。康熙六十一年（1722），康熙病危时，内外大臣均不得见，只有隆科多一人随侍康熙身边。后来，隆科多独自传达康熙遗命，坚定地站在雍正一边，利用手中兵权，保证了雍正登基。

康熙死后第二天，雍正便任命隆科多为总理事务王大臣，以示优宠。不久，雍正又下令仿舅祖佟国维例，称隆科多为舅舅，提升隆科多为吏部尚书，并嗣其父佟国维的一等公。雍正元年（1723），授隆科多为保和殿大学士，加太保衔；雍正二年（1724），隆科多兼任理藩院尚书，并充任纂修《圣祖实录》《大清会典》的总裁。隆科多就这样从康熙末年的一个普通步军统领，飞升为朝中的显赫大员，权倾一时。

然而，伴君如伴虎，隆科多的权势之重很快便引起了雍正的猜疑。雍正三年（1725），吏部奉命讨论各地官员对年羹尧的检举，隆科多竟不合时宜地提出保留年羹尧的三等公爵位，都察院参劾他庇护年羹尧，雍正遂免其太保衔，开始削减隆科多手中的权力。雍正五年（1727），隆科多被定41条大罪，雍正令人在畅春园外建三间屋，永远将其禁锢，令其思过。次年六月，隆科多死于禁所。

皇位继承权之争让清廷付出了惨重的代价，争斗不休的一个主要原因就是满族人没有立储制度。为此，雍正元年（1723），雍正创立了秘密立储制度，由皇帝独自决定继承人。皇帝将继承人的名字写在一张纸上，一式两份，一份装入立储匣，藏于乾清宫"正大光明"匾额之后，另一份由皇帝密藏于内府，以备核对。

为了强化皇权，雍正还推广了密折制度——准许部分官员以秘密奏折向皇帝报告消息。密折制度拉近了皇帝与官员的距离，也有助于皇帝了解下情，掌握动态，加强统治。

康熙年间，可以上折奏事的官员有100多人，雍正朝增加到1200人。雍正把递密折的范围扩大到布政使、按察使、学政等，奏折的内容几乎无所不包，诸如生计、风俗、天气、家族秘事、官场隐私等。

另外，清初以来，清朝廷在西南等一些少数民族聚居地区一直实行土司制度。接受清朝册封的土司们世袭官爵，成为割据一方的地方政权，在地方生杀予夺、骄恣专擅，令百姓苦不堪言。雍正即位后，革除土司制度，废除各地的土司，在这些地区分别设立府、厅、州、县，派出流动的官员进行管理，史称"改土归流"，这也是雍正加强中央集权的一大举措。

由于改革触及土司们的利益，一些土司武装叛乱。清朝廷采取招抚和武力镇压两种手段，从雍正四年到九年，在云南、贵州、四川、湖南、广西等地基本实现了"改土归流"。

为了提高皇权，雍正还收紧了"下五旗"的权力。"下五旗"是"上三旗"之外的五个旗，即镶白、正蓝、镶蓝、正红、镶红旗。"下五旗"的地位虽然低于"上三旗"，但是这五个旗的旗主对下有完全的统治权，处于半独立状态。为了加强控制，雍正把都察院的御史派到八旗中，每旗两人，查办一切事务。自此，各旗内部事务也由中央直接掌控。

此后，雍正又创立了军机处，军政要务尽归军机处。军机大臣越过内阁大学士，直接与各地、各部打交道，了解地方情形，传达皇帝意旨，协助皇帝独断专行。

雍正还彻底整顿了康熙晚年的积弊政策，一扫颓风，澄清吏治、充盈国库，稳定统治。

康熙末年贪官污吏大肆侵吞库银，致使国库亏空。雍正上台后，痛下狠手，从中央到地方整顿吏治，清查钱粮。勒令官员偿还拖欠的库银，对贪官污吏抄家追赃。一年内，被革职抄家的各级官吏达数十人，不乏三品以上的大官；对民间欠税，在短期内分年征缴，严办清查不力的官员。10余年内，库银由800多万两增至6000余万两。

为了澄清吏治，雍正毫不手软地清除贪官庸人，大力提拔有才干的人。河南大员田文镜、浙江总督李卫，由于执法严格、不徇私情招人怨恨，被人诬告。雍正在调查后不仅未予治罪，反升其职，给予褒奖。

雍正二年（1724），雍正接受山西巡抚诺岷的建议，实行"耗羡归公"。耗羡是一种附加税。清初，官吏俸银低，地方官吏便通过增加田赋提高个人收入。这种收入也叫"火耗"。不仅助长了官吏腐化，也增加了农民的负担。耗羡归公后，从中提银20万两弥补库银亏空，其余发给各级官员作为"养廉"银。

雍正还对税制进行了重大改革。之前，清政府实行人头税，按人口征税，不论妇孺老幼一律纳税。康熙末年曾做了一点改革，规定新出生的人口不再交纳人丁税，但是之前出生的人要照交人头税。雍正二年（1724），雍正采纳直隶巡抚李维钧的提议，开始实行新的赋税制度——"摊丁入亩"，将人头税摊到土地上，按照每个家庭占有的土地数量而不是人口数量来征税，从此中国没有了人口税。这是一项"抑富利贫"的措施，减轻了穷困百姓的负担，也刺激了农民的生产劳动积极性，保障了国库的收入，有利于社会的安定。

"摊丁入亩"的政策解除了家庭新生人口的税赋负担，带动全国人口迅速增长，粮食的需求量也随之增长。为了保证国家的粮食安全，雍正更加严格地执行重农抑商的方针。雍正说："朕观四民（指士、农、工、商）之业，士之外，农为最贵。凡士工商贾，皆食于农，故农为天下之本务。"为此，雍正鼓励垦荒，兴修水利和治理黄河，强调粮食生产，限制经济农作物种植，反对工矿和手工业的发展。

但是，过度重农轻商也使雍正在面对贸易方面故步自封。当时，雍正一直沿用康熙时期的南洋海禁令。自南洋海禁之后，沿海经济日趋萧条，而外国商人来华贸易的需要却日益增多。于是，在沿海各省的再三奏请下，雍正五年（1727），清政府解除南洋海禁，但限令出洋贸易之人三年内回国，否则不许回籍。

在社会改革方面，雍正颇有作为。当时，在士、农、工、商四民之外，社会上还有一种"贱民"，且世代相传，不得改变。各地叫法不同，比如浙江称为"惰民"、山西和陕西称为"乐籍"、北京称为"乐户"。雍正即位后，下令解除乐籍、惰民、伴当、世仆、丐户、疍户等"贱民"身份，给予平民户口，编入正户。这一措施从制度上扫除了中国社会的奴隶制残余，有利于推动社会文明进步。

雍正为人工于心计，处事果断，作风严猛，对反抗者往往以反叛论处，斩杀不赦，甚至频繁大兴文字狱，株连人众。

对于分裂势力，雍正更是决不手软。雍正元年（1723），青海和硕特蒙古贵族首领罗卜藏丹津胁迫青海蒙古各部贵族发动武装割据叛乱，意图割据青藏高原。雍正命年羹尧、岳钟琪等出兵镇压，大胜。罗卜藏丹津逃往准噶尔部避难。清政府改西宁卫为西宁府，青海地区的蒙古族被编制为29个旗，派驻"办理青海蒙古番子事务大臣"（简称西宁办事大臣），管理青海一切政务。青海自此完全归入清朝版图。

雍正在位只有13年，因为作风严酷，铁腕集权，得罪人很多，基本上处于众叛亲离、孤家寡人的状态。但是，他具有开拓精神，励精图治，平定青海，安定西藏，改土归流，巩固边疆，稳定政局，推进改革，整顿吏治，清理钱粮，摊丁入地，扩大垦田，火耗归公，以银养廉，充盈国库，促进了经济社会发展，为随后的乾隆盛世创造了有利的条件。

雍正十三年（1735）八月二十三日，雍正在圆明园猝然去世。

终年 58 岁，葬于河北易县清西陵，庙号"世宗"。

对于雍正之死，史书没有记载死因，民间猜测很多，始终是一个神秘的历史之谜。有说是被吕四娘刺杀的，有说是被宫女、太监缢死的，还有许多学者猜测是被丹药毒死的。康熙第八世孙金恒源先生在其《正本清源说雍正》一书中称，雍正猝死主要是因为他多年勤政之累，深陷政治斗争，心神不宁，夜不能寝，惧怕报复，为求长生久服丹药，体内大量积毒，乱服春药体力透支，等等。

雨丝风片远连天，一棹渔舟万顷烟。

无事买鱼沽酒客，却绕书画米家船。

——〔清〕乾隆《夏珪秋江风雨图》

乾隆时代

雍正去世后，24岁的弘历（1711—1799）即位，次年改年号为"乾隆"。

康熙五十年（1711）八月十三日，弘历生于雍和宫，自幼天资聪颖，深受祖父康熙的宠爱。康熙六十一年（1722）奉命寄养于宫中，康熙与12岁的弘历朝夕相伴，亲自调教，直到康熙去世，前后近一年时间。

雍正元年（1723）八月，雍正即位第二年，密立四子弘历为太子。雍正十二年（1734），弘历被封为和硕宝亲王，开始参与军国要务。

弘历即位后，鉴于康熙、雍正两朝的政治得失，采取了折中的政治路线。乾隆元年（1736），意气风发的乾隆，宣称"治道贵乎得中，矫枉不可过正"，开始施展其"文治武功"。

雍正时期，严猛的政治改革造成了统治阶级紧张的氛围，皇族内部也留下了重重矛盾。乾隆二年（1737），乾隆为胤禩和胤禟平反，恢复其子孙名号；释放了被圈禁的胤䄉，并晋爵为恂郡王；释放了雍正末年因贻误军机而被判死罪的岳钟琪、傅尔丹；重新起用前朝革职的张楷、彭维新、俞兆晟、陈世倌等人。乾隆的一系列"宽仁"措施，安抚了人心，缓和了权势阶层的内部矛盾。

虽说一朝天子一朝臣，但是，乾隆上台后并没有大肆换人，而是留用了雍正朝的主要官员，直到乾隆中期。对于在雍正时期已经形成势力的大臣，如军机大臣鄂尔泰和张廷玉，乾隆也有办法。鄂尔泰是满人，是朝中满族官员的核心人物；而张廷玉是汉人，在众多汉官中德高望重。双方势力旗鼓相当，常常相互争斗。对此，乾隆采取了平衡与制约之策，驾驭双方取其长为己所用，游刃有余。

乾隆也重视廉政建设，大力惩治贪污，整顿吏治。乾隆说："劣员多留一日，则民多受一日之残，国多受一日之蠹。"乾隆十二年（1747），他下令处死一批官位显赫的贪污犯。乾隆四十六年（1781）至乾隆四十七年（1782），又连续处死督抚、藩司以上高级职位的贪官10余人，包括浙江巡抚王亶望、浙江巡抚福崧、闽浙总督陈辉祖、闽浙总督伍拉纳、福建巡抚浦霖、陕甘总督勒尔谨、山东巡抚国泰、山东布政使于易简、江西巡抚郝硕等等。甚至连皇贵妃高佳氏之弟、两淮盐政高恒也被处死。

乾隆的皇位没有经过其父辈们的挫折，但是，在加强皇权方面他却丝毫不曾放松。乾隆十三年（1748）以后，各级官员以"奏折"向乾隆密报重要事务，以"题本"向内阁报告普通的例行公事。这样，内阁便被降级为处理例行公事的办事机构。重要事务的决策权高度集中在皇帝手中，而军机处则相当于皇帝的秘书处，从而实现"乾纲独揽"。

清初，行政上设省、道、府（州、厅）、县四级地方机构。乾隆二十二年（1757），乾隆颁布"保甲法"，以法令形式确认基层政权实施保甲制度：每10户为1牌，设牌头；每10牌为1甲，设甲长；每10甲为1保，设保长。由当地望族的族长或地主乡绅担任牌头、甲长和保长，实行详细的户籍登记制度，加强对辖区人员的了解和管制，严密控制社会生活的各个方面。

在经济方面，乾隆继续奖励垦荒，兴修水利，促进农业发展。土地经过前三朝开垦，容易开垦的荒地已经没有了，乾隆便减免赋税、鼓励农民开垦边疆和内地的山头地角，增加耕地。到乾隆三十一年（1766），耕地面积扩大到741万余顷。同时，朝廷鼓励农民大力种植高产作物，特别是甘薯和玉米，提高了粮食产量，缓解了人口增长所带来的粮食压力。此外，还鼓励各地因地制宜发展特色农业。例如，遍地桑树的贵州却不养蚕，也没有纺织业，乾隆便责成贵州地方官向外省招募养蚕纺织能手传授技术，提高当地的经济水平。

这一时期，工业也得到了进一步发展，制盐业、制瓷业、纺织业、制糖和酿酒业等行业呈现繁荣态势。为此，乾隆放宽了商业政策，规定商人到歉收的地方销售粮食，可以免关榷米税；允许百姓贩运少量食盐。由此，一些经营汇兑和存款、信贷票号的金融机构相继出现。

然而在对外贸易方面，乾隆依然如前朝，采取了保守和限制性政策。清廷于康熙年间开放海禁，在广东的广州、福建的漳州、浙江的宁波、江苏的云台山（后移到上海松江）设立海关，其中，松江海关主要针对国内沿海各港的贸易；闽海关以应对南洋各国的贸易为主；浙海关主要对接的是日本贸易；粤海关则以应对西方各国贸易为主。有资料记载，从康熙三年（1664）至乾隆十八年（1753）的90年间，英国东印度公司几乎垄断了清朝贸易特权，先后有199艘商船来到中国，其中156艘在广州海关进行贸易活动。作为各海关税收增长最快的口岸，广州地区的造船业及海上贸易相关的服务行业也得到充分发展。至乾隆六年（1741），广州地区已有"借外来洋船以资生计者约计数十万人"。同时，粤海关的垄断地位也促使其形成了一个包括行商[①]、粤海关、广东地方官员吏役在内的利益集团，滥用职权，中饱私囊，对夷商进行勒索"迭增重费"。

乾隆二十年（1755）起，英国东印度公司职员洪任辉（James Flint）不满广州海关"浮收苛征"而改变贸易路线，自行前往浙

---

① 行商又称洋商或洋行，是"外洋行商"的简称，是承接对外贸易的中国商人。外国商人被称为"夷商"。清廷规定外国商船不能直接与中国商人进行交易，必须通过由清朝政府认证批准的中介机构，即洋行、洋商进行贸易活动。

江宁波海关进行贸易。在此后的两年，越来越多的外国商船赴浙江海关引起了朝廷的重视。对于清廷来说，夷商到江浙一带贸易增加了朝廷的海防压力，因为外国商船上都配有炮位军器。加之宁波夷商日益增多，也让乾隆担心浙江会再出现一个澳门[①]。出于"防夷"心理和海防安全的考虑，乾隆下令提高浙江海关关税以阻止西洋商船入浙，但是，效果甚微。乾隆二十二年（1757）十一月，清廷再下令"蕃商只许在广东收泊交易，不得再赴宁波。如或再来，必令原船返棹至广，不准入浙江海口"。然而洪任辉不想再回广州交易，决定进京告御状，控告粤海关官员贪污、刁难洋商；控告洋行拖欠货款等。此事引起乾隆的高度重视，最终，相关人员得到严惩，而洪任辉本人也因不听地方官的劝阻，擅自赴天津递状纸、告御状的行为受到处罚，于1759—1762年被囚禁在澳门三年，刑满后遣送回英国，终身不得再返回中国。

自洪任辉事件之后，乾隆决定在对外贸易问题上采取进一步的防范措施。乾隆二十四年（1759），清廷颁布了《防范外夷规条》，规条规定："夷商禁止在广州过冬；夷商到广州，应令寓居洋行，由行商负责稽查管束；禁止中国人借夷商资本及受雇于外

[①] 澳门在明朝时期因地方官员允许葡萄牙人在广东各海澳居住、贸易而聚集了大批葡萄牙人，后来葡萄牙人向明朝廷缴交地租，从而可以理所当然地居住在澳门。明朝灭亡后，清朝对澳门的管理大致上继承了明朝的政策。但是越来越多的葡萄牙人入住澳门，导致与当地华人"杂处中多生事端"，加重了清朝廷的管理工作。

商，行商不许拖欠夷商债务，使夷商有所借口；中国人不得替夷商打听商业行情；夷商船只进泊黄埔港，酌拨营员弹压稽查；严禁外国护货兵船驶入内洋。"

但是，广州作为清朝对夷商贸易的唯一通商口岸，已经不能满足英国对外贸易发展的需求。为了打破清朝廷的贸易限制政策，扩大在中国的商业利益，乾隆五十八年（1793），英国政府借向乾隆祝寿的机会，派遣大臣马戛尔尼率领近百人规模的使节团到访中国，希望与清政府建立正式外交关系，并向清廷提出扩大贸易，开放宁波、舟山、天津等港口，减免相关关税，准许英国派遣使臣驻住北京等要求。

这是清廷第一次正式同西欧国家的国事接触，但是对乾隆来说，这不过又是一次藩属国贡使对天朝皇帝的臣服而已。乾隆在答复英王国书的诏书中称："天朝抚有万国，琛赆来庭，不贵其物，惟贵其诚。已饬谕疆臣将贡物进收，俾伸虔诚。"显然使节团带来的见面礼被乾隆视为贡物，而使节团的诸多要求也未能有一项获得批准。在谈判没有任何进展的情况下，英国使节团被迫离开北京，沿着运河南下，到达广州，从广州离境。

使节团此行虽然没能完成使命，却有另一番收获。使节团成员将此次中国之行所见所闻以文字和绘图形式记录下来，将收集到的大量政治、经济、军事、民风及技术信息，形成报告或呈报给英国政府或出版发行，在西方世界引起轰动，从此掀开了古老中国的神秘面纱。使节团成员一路探测了天津海口水域；测量了古北口附近长城的城墙、胸墙、巡道与碉堡的尺寸；绘制出宁波及舟山群岛的地形图、清军武器装备图；沿途采集各地植物标本达396种，收集了茶、丝、瓷器、棉布等中国特产的工艺情报；等等。在使节团的报告中还呈现出各种调查结论，例如，在对长城进行测量之后认为，长城虽然可以抵挡小型火器攻击，但绝对抵挡不了大型火炮的炮弹；清军的胸铠与护肩不过是以棉絮填充而成，看似威武的头盔其实是用硬纸板制成；总结出清朝社会上层人士生活普遍奢侈，而百姓则处于只求吃饱和穿暖的阶段。自此，一个古老又停滞不前的中华帝国形象映入西方世界眼帘。

此时的英国，作为西方新兴的资本主义国家，已经伸出向世界扩张的触角，通过周密的安排和准备给西方世界带回去一个"新的中国观"，而清廷上下则仍然处于蒙昧的自我封闭之中。

乾隆本人博学好学，一生诗作竟达42613首。重视文物典籍的收藏与整理，将内府珍藏编成《石渠宝笈》《西清古鉴》等。乾隆最突出的文化成就是在全国范围内征集图书，编纂《四库全书》，这项工程历时20年，参与编纂的学者有4186人，收书3461种、79309卷，其卷数是《永乐大典》的三倍，成为我国古代思想文化遗产的总汇。

乾隆还下令将汉文、蒙古文《大藏经》译成满文，编修为《满文大藏经》；下令编写《大清一统志》《皇朝文献通考》，并于乾隆五年（1740）完成了中国历史上最后一部比较完备的封建法典《大清律例》。乾隆期间编修的书目涉及政治、法律、文学、医药、天文、地理等诸多方面，推动了文化发展，促进了汉学的兴盛。

遗憾的是，为了加强思想控制，乾隆统治时期大兴文字狱达130多起，其中，40余起案件的涉案人被满门抄斩，令文人"一涉笔唯恐触碍于天下国家"。为避免文字狱，一些涉嫌字眼被改成其他字代替，或者干脆空起来，文章文理不通，雅韵全无。文字狱泛滥也导致大批重要的历史文化典籍被销毁和禁绝。乾隆三十七年（1772），乾隆以编纂《四库全书》为由，向全国各地征集书籍。当万余种各地藏书运抵京城后，乾隆三十九年（1774），乾隆下达禁书令，传谕旨称："若见有诋毁本朝之书，或系稗官私载，或系诗文专集，应无不共知切齿。"乾隆四十三年（1778），乾隆又下令要求各省查缴禁书，以两年为限。在近二十年时间里，乾隆共焚毁各种书籍达71万卷之多，仅浙江省就毁书24次，被毁书籍多达538种，13862部之多。

乾隆试图以铁腕手段禁锢民众思想，令知识分子不敢过问政治，使乾隆的"文治"成为中国文化的一场浩劫。

翩与归鸿共北征，登山临水黯愁生。

江南草长莺飞日，游子离邦去里情。

五夜壮心悲伏枥，百年左计负躬耕。

自嫌诗少幽燕气，故作冰天跃马行。

——〔清〕黄景仁《将之京师杂别》

边疆战事

  清朝的疆域经过康熙、雍正、乾隆三朝的努力，极盛时期已经西抵葱岭、巴尔喀什湖北岸，西北包括唐努乌梁海地区，东到太平洋（包括库页岛），南达南沙群岛，北至漠北和西伯利亚。

  乾隆时期，清朝先后十次出兵边疆，包括二平准噶尔，一定回部，二讨金川，一靖台湾，征缅甸，征越南，二次用兵廓尔喀。这十次边疆战事令乾隆沾沾自喜，自夸有"十全武功"，自诩为"十全老人"。

  每逢将士出征，清廷都举行盛大的欢送仪式；每取得一次胜利都大赏有功将士；将士凯旋，乾隆还要举行隆重的郊迎仪式；在紫禁城内建紫光阁，绘功臣遗像以资供奉。

  乾隆十年（1745），准噶尔部首领噶尔丹策零（策妄阿拉布坦的儿子）死后，新疆北部陷于混乱之中，准噶尔部的贵族为争夺汗位展开了斗争。随后，辉特部的首领阿睦尔撒纳乘机卷入准噶尔部的内战中，支持达瓦齐成为首领。但是不久，这两人为了扩展实力发生冲突，展开火并，最终阿睦尔撒纳大败。乾隆十九年（1754），阿睦尔撒纳率部下归顺清朝政府，授封为亲王。乾隆决定借此机会彻底平定准噶尔，根除西北长期以来的威胁。

乾隆二十年（1755），乾隆任命内阁大学士班定为"定北将军"、阿睦尔撒纳为"定边左副将军"，由乌里雅苏台出发；任命内大臣永常为"定西将军"、散佚大臣①萨喇勒为"定边右副将军"，由巴里坤出兵。二月，两路人马集5万兵力、14万匹马，一路扫过，几乎兵不血刃地于五月间会师伊犁。清军进抵后，达瓦齐惊慌逃到新疆南部乌什，却被维吾尔族首领霍集斯捉住，送交清军。

平定达瓦齐割据之后，乾隆希望漠西厄鲁特蒙古的四部不相统属，归附清朝廷。但是，阿睦尔撒纳却另有打算，他要统领四部，做厄鲁特蒙古的总汗。乾隆二十一年（1756），阿睦尔撒纳在伊犁发动叛乱。

这时，驻守在北疆的几万大军早已陆续撤走，只剩定西将军班第和参赞大臣鄂容安手下的500兵力，被阿睦尔撒纳部队围攻，班第、鄂容安兵败自杀；驻扎在乌鲁木齐附近的定北将军永常，手下虽有数千兵力却畏敌如虎，不敢赴援，致使天山南北再度陷

---

① 清朝官名，从二品，是皇帝和皇宫的警卫部队侍卫处的官员。

入混乱。

在混乱之中，喀尔喀蒙古的青衮杂卜随之起兵反清。清朝廷再度出兵西北平叛。经过一年多的战争，阿睦尔撒纳逃至俄罗斯，清朝廷理藩院多次与沙俄交涉，要求遣送阿睦尔撒纳。乾隆二十二年（1757），阿睦尔撒纳患天花病死，沙俄将阿睦尔撒纳的尸体交送清朝廷。平定西北之后，回部再起事端。

回部是指天山南路的维吾尔族地区。康熙十年（1671），准噶尔部首领噶尔丹出兵控制了该地区的叶尔羌部。噶尔丹死后，回部继任首领玛罕木特欲独立，被策妄阿拉布坦拘禁，同时被拘禁的还有其长子波罗尼都（大和卓①）、次子霍集占（小和卓）。

乾隆二十年（1755），清军消灭达瓦齐的分裂势力之后，波罗尼都和霍集占获释。波罗尼都被清廷送回南疆叶尔羌，继续掌管叶尔羌的事务；霍集占则被派往伊犁，管辖当地的维吾尔人民的事务。但是，在阿睦尔撒纳叛乱之时，霍集占随同起兵反清，阿睦尔撒纳兵败之后，他撤回叶尔羌，并鼓动波罗尼都起兵反清。

乾隆二十二年（1757），大、小和卓集众数十万叛乱，并杀害了清朝廷派往南疆的使臣阿敏道。

乾隆二十三年（1758）二月，乾隆任命参赞大臣雅尔哈善为"靖逆将军"，率满、汉兵万余从吐鲁番进发。五月，清军抵达库车，围攻叛军。经过一个多月的围攻苦战，清军占领库车，大、

---

① "和卓"的意思是"圣裔"，亦即回教创始人穆罕默德的后代。

109

小和卓逃走，雅尔哈善因为贻误军机被处死。小和卓退至叶尔羌，大和卓守占喀什噶尔（今喀什），两人形成互为掎角之势。

十月，乾隆再命定边将军兆惠率步骑 4000 人平定叶尔羌，结果反被小和卓围困三个月之久，直到乾隆二十四年（1759）年初，定边右副将军富德率兵增援才解了兆惠的围。两路人马会合后再分头进军大、小和卓。大、小和卓弃城西逃，其队伍在伊西洱库河谷被清军歼灭。大、小和卓北逃至葱岭西边的巴达克山部，被巴达克山部的首领汗素勒坦沙擒杀，将首级送献清军。天山南路的大、小和卓叛乱得以平定。

之后，清廷加强了对新疆的统治。乾隆二十七年（1762），清廷在新疆设置伊犁将军，统管新疆南北两路事务。同时，为促进当地的经济发展，广泛垦田开荒。为了及时传递消息，清廷还在天山南北主要交通线上普遍设立"军台"。

以武力开疆拓土之外，乾隆盛世也对周边形成了和平感召。

土尔扈特部是西北厄鲁特蒙古四部之一。明朝末年，由于厄鲁特蒙古四部的内部纷争剧烈，土尔扈特部被迫西迁至俄国伏尔加河下游，此后，沙俄政府试图对土尔扈特部进行收编管理。但是，土尔扈特部却坚持向清王朝遣使入贡。因此，沙皇政府多次采用武力镇压，引起土尔扈特部人奋起反抗，首领和鄂尔勒克为此献出生命。

乾隆三十六年（1771）年初，盛世的乾隆朝成为土尔扈特部人安定生活的向往。土尔扈特部首领渥巴锡率领 16.9 万部人举行武装起义,并踏上了回清之程。东归路上,土尔扈特人历经了千辛万苦,沙俄政府派出军队追堵。经过多次激烈战斗,克服重重险阻,终于在五月抵达伊犁,这时只剩下6.6万人。

土尔扈特部的回归受到了乾隆的重视,并且立即派人前往伊犁,协助伊犁将军妥善安置土尔扈特部。土尔扈特部的回归,是清代历史以至整部民族关系史上的重大事件,也是乾隆朝民族统一过程中最令人激动的一幕。

偶立崇椒望，天山中外分。

玉门千里雪，盐泽一川云。

峭壁遗唐篆，残碑纪汉军。

未穷临眺意，大雪集征裙。

——〔清〕岳钟琪《天山》

两讨大小金川

大小金川，是指地处四川西北部、大渡河上游的两条支流，因沿河的山上有金矿而得名。这里崇山峻岭、地势险峻，气候深寒且多雨雪，是藏族民众聚居之地。

雍正年间，大金川土司莎罗奔曾跟随清军进藏平叛有功，被清廷授予安抚司，此后，势力日盛，欲霸一方，常常攻掠临近土司。为了吞并小土司，莎罗奔先将侄女阿扣嫁给小金川土司泽旺。乾隆十一年（1746），莎罗奔劫持泽旺，夺其印信，被清廷四川总督申斥后，"始还泽旺于故地"。

乾隆十二年（1747），莎罗奔出兵攻掠革布什咱和明正两土司辖地，四川巡抚纪山派兵镇压，竟然兵败而归。清廷得报后，令云贵总督张广泗统兵3万攻打大金川。当时，莎罗奔只有3000兵马，在张广泗大军进攻之下，莎罗奔首战失败。但是，莎罗奔熟知当地的地形，并利用山高路险之势率兵筑碉，层层设防，恃险抵抗，令清军寸步难行。乾隆十三年（1748），乾隆命大学士讷亲为督师，并起用将领岳钟琪为提督前往助战。

清军进驻小金川，并起用泽旺的弟弟良尔吉随清军出征，却不知，良尔吉早已与莎罗奔暗中相通，莎罗奔对清军的一举一动了如指掌。同时，清朝将领之间也矛盾重重。云贵总督张广泗不与大学士讷亲合作，两人各持己见；张广泗与岳钟琪也各执一端，互不配合。为此，张广泗上奏岳钟琪"喜独断自用"；岳钟琪则上奏张广泗"居心奸险"，"玩兵养寇"。

领导层的混乱导致清军在金川两易寒暑、耗费军饷2000万两，仍无尺寸之功。乾隆大为震怒，下令杀了张广泗和讷亲，改派大学士傅恒督军。傅恒调集精兵35000人，与提督岳钟琪改变张广泗以碉逼碉、逐碉争夺的战术，采取集中优势兵力、避坚就隙的战术，出其不意地直逼大金川官寨，迅速结束了这场战役，乾隆十四年（1749）正月，莎罗奔归降后被赦免，仍为土司，二月，傅恒班师回朝。

乾隆二十五年（1760），莎罗奔病逝，其侄郎卡主持土司事务。但郎卡并不安分，不断侵犯邻近土司，丝毫不理会四川总督的劝阻。乾隆三十一年（1766），清廷令四川总督阿尔泰调集附近9个土司的兵力围剿郎卡，但是，只想息事宁人的阿尔泰并没有认真执行朝廷命令，而是简单地命令郎卡归还所侵占的其他土司的土地，并许诺给郎卡颁发安抚司印信，还同意了郎卡将女儿嫁给小金川泽旺的儿子僧桑格的要求。这一政治联姻使得大、小金川的实力迅速提升，成为附近18家土司的雄长，小土司迫于形势只能听命于两金川。

郎卡死后，其子索诺木继位。不久，泽旺也让位于儿子僧桑格。乾隆三十六年（1771）春，索诺木和僧格桑串通，计杀革布什札土司官，进攻鄂克什及明正两土司。清廷再命阿尔泰率军进剿，但是半年过去了，阿尔泰仍然按兵不动，乾隆盛怒之下将阿尔泰赐死。

乾隆三十八年（1773），乾隆命大学士温福率军出战，企图采取攻小金川威慑大金川的方略，制服两金土司。僧格桑闻讯逃到大金川与索诺木会合。清朝廷任命温福为定西将军，阿桂、丰伸额为副将军，率师征讨大金川。索诺木全力抗守，增垒设险。温福重蹈张广泗的覆辙，继续采取以碉逼碉的碉堡战术，致使兵力分散，难有进展；同时，疏于防范，又被索诺木出兵切断清军的粮道，温福最终战死在大金川的木果木。

乾隆震怒之下，不得不重新部署，调集兵力，任命阿桂为定西将军，丰伸额、明亮为副将军，征调健锐营、火器营和各地来援之精兵数万人，采取分进合击、割裂围歼等战法，分兵三路进击：阿桂率主力为东路，主攻小金川官寨美诺（今小金县城）；明亮为南路，进攻美诺西翼门户僧格宗；丰伸额为西北路攻宜喜（今金川县西北），钳制大金川。

十一月初，清兵东、南两路军攻占美诺，降服小金川，进攻大金川，与索诺木展开艰苦的争夺战。直至乾隆四十一年（1776）二月初，索诺木穷途末路，率2000余部众出降。

战后，清廷废除了两金川的土司制，设厅委官，加强了对该地区的统治。

为了巩固这方圆二三百里的两金川地区、剿抚1.5万人的土司兵力，清朝廷先后两次大规模用兵。仅第二次金川之战中就耗资7000万两白银，出动兵力近20万，阵亡将领达732名，损失兵士2.5万余人。而大金川土著居民也付出了惨重的伤亡代价，人口锐减。

犬牙壤地莫相侵，

更返华严布施金，

钞掠归人尤感激，

佛天重见泪盈襟。

——〔清〕杨揆《廓尔喀纳降纪事》

统治西藏

  康熙末年，清朝廷废除总揽西藏地方政务的行政长官职位——第司，重新组建西藏地方政权，设立"噶伦共同理政制度"。清廷委任5人（初为4人）为噶伦，其中1人为首席噶伦，督统西藏地方政务。

  雍正五年（1727），西藏贵族内部爆发争夺权力的斗争。当时，抵抗准噶尔入藏有功的康济鼐为首席噶伦，其他几位噶伦分别是阿伦布巴、隆布鼐、札尔鼐和颇罗鼐。噶伦阿尔布巴联合隆布鼐和札尔鼐起兵，杀害了首席噶伦康济鼐，然后进攻颇罗鼐。这时，清朝廷委派的内阁学士僧格和副都统玛拉还在入藏的路上，他们受命进藏监督地方政府。在没有支援的情况下，颇罗鼐奋起反抗，击败了阿尔布巴部队，并将其擒获。

  驻藏大臣僧格抵达拉萨之后，清廷下令处决了阿尔布巴等叛乱头目，任命颇罗鼐为郡王，接替康济鼐的职务。同时，清政府也派出驻藏部队，维持西藏的局势。鉴于西藏上层统治集团中屡次有人企图联络准噶尔蒙古部进行叛乱，清朝廷决定对西藏行政区进行重新划分，将接近汉区的巴塘、理塘等藏区划归四川管辖。

乾隆十二年（1747），颇罗鼐去世，次子珠尔默特那木扎勒袭郡王爵执政。珠尔默特那木扎勒专权独断，强悍暴戾，与七世达赖喇嘛不和，并反对清政府对西藏的管辖，意图实施割据。

乾隆十五年（1750）驻藏大臣傅清、帮办大臣拉布敦两人诱杀珠尔默特那木扎勒。随后，这两位大臣也被珠尔默特那木扎勒的余党杀害，拉萨再次出现骚乱。七世达赖喇嘛采取果断有力的措施，平息了珠尔默特那木扎勒余党的骚乱，控制了西藏局势。

为了避免西藏贵族专权和再次发生相互争斗的事件，乾隆十五年（1750），清朝廷在西藏建立"政教合一"的行政机关——"噶厦"，同时增强驻藏大臣的权力，将西藏地方的政、教大权交给达赖喇嘛主管，下设地位平等、互不统属、相互制约的四个噶伦。

乾隆十六年（1751），清廷制定了《西藏善后章程》，对西藏的行政事务管理做了明确规定。此后，清政府不断加强对西藏的管理，使西藏在之后的40年里政局稳定。直到廓尔喀人入侵，西藏局势再次动荡。

廓尔喀人世居尼泊尔，与后藏交界，两地贸易往来密切。

乾隆五十三年（1788），廓尔喀人为了扩张势力，以"西藏运往之食盐掺土"为借口,悍然入侵后藏。廓尔喀兵先后占领西藏南部边境之聂拉木、济咙宗(今西藏吉隆东南)、宗喀宗(今吉隆)等地,围攻协噶尔宗(今西藏定日)。清朝廷派遣御前侍卫巴忠为钦差大臣,赴藏主持用兵。当清军日夜兼程,奔赴藏廓边境之时,达赖喇嘛、仲巴呼图克图和噶伦班第达、庆麟、雅满泰等,已私下同廓尔喀人议和。议和的条件是:每年向廓尔喀缴纳9300两白银的"地租",廓尔喀退还其所侵占的聂拉木、济咙宗、宗喀宗三地。巴忠为了敷衍了事也就同意了这一做法,并且向上隐瞒不上报。

乾隆五十六年(1791),廓尔喀人以藏方未按约付足银圆为由,再次出兵侵略西藏,夺占聂拉木,噶伦丹津班珠尔等人被挟持到廓尔喀。随后,廓尔喀兵很快深入日喀则,占领札什伦布寺,将六世班禅遗留的金银财物、法器珍宝洗劫一空。七世班禅丹贝尼玛退居拉萨,达赖、班禅飞奏朝廷告急。当时,巴忠护驾避暑山庄,惊闻藏变后畏罪自杀。

乾隆派大将军福康安、参赞大臣海兰察、奎林,率领由满、汉、蒙古、藏等族人组成的军队约1.7万人经青海入藏作战。清军很快将廓尔喀人逐出西藏,并且越过喜马拉雅山,直入廓尔喀境内170里。不久,清军在雍雅山受阻,后因水土不服,粮饷不济,损失严重。最后,清政府接受了廓尔喀统治者的请求——退还在札什伦布寺所劫掠的财物,并承诺永不再犯。乾隆五十七年(1792),清军撤兵回国。

廓尔喀人的两次入侵，暴露了西藏地方政权官吏贪污舞弊、政治体制仍不健全的弱点。为了稳定西藏政局，乾隆五十七年（1792），清朝廷命福康安会同八世达赖、七世班禅等各方人士，共同筹议西藏善后章程。经过数次讨论和修订，经清政府批准，乾隆五十八年（1793）正式颁布了《钦定藏内善后章程》（以下简称《章程》），共29条。

《章程》首先明确规定：驻藏大臣督办藏内事务，地位与达赖喇嘛、班禅额尔德尼平等。噶伦以下（包括噶伦）都是属员。

《章程》也规定，西藏地方上起噶伦下至营官司的所有官员，一律由驻藏大臣会同达赖喇嘛选定。同时，对西藏文武官员确定品级、名额和升补手续。最高一级藏族官员有噶伦四名、代本六名，由中央任命。噶伦、代本的年俸由中央发给。

根据国防需要，还规定建立西藏常备军。驻藏大臣负责督察、校阅西藏的3000名驻军。还规定了军官等级、人数、军饷补给来源、武器配备、驻防地点。另外，从内地调驻西藏各地官兵1400多名。

在财政制度方面也有具体规定：在西藏设立铸钱局，铸造官钱行使，银币正面背面分别用汉藏文字铸"乾隆宝藏"字样。达赖喇嘛、班禅额尔德尼每年的财务收支，由驻藏大臣稽查总核。西藏差役由全社会平均负担。贵族和大寺庙中实有劳绩可受优待免除差役者，须经过驻藏大臣及达赖喇嘛核准发给执照。

西藏的对外交涉方面做出明确的规定：对来西藏贸易的尼泊

尔、克什米尔商人要进行登记，造具名册，呈报驻藏大臣备案，由负责官员签发路证。凡外人要求到拉萨者，须听候驻藏大臣衙门审批。藏人出境至尼泊尔等地，由驻藏大臣签发路证，规定往返日期。

在西藏西南部与印度、尼泊尔等国的边界上若干地点，设立国界标志，驻藏大臣每年出巡各地，检查驻军防务及界碑情况。

西藏一切涉外事宜均由驻藏大臣全权处理。噶伦不得与外方通信，达赖喇嘛、班禅额尔德尼接到外方信件、布施，俱报告驻藏大臣查验，并代为酌定回信，等等。

《章程》进一步以文字的形式肯定了西藏地方与清朝中央政府早就开始的隶属关系，成为清中央政府为西藏地方政权所规定的最高法律。《章程》中的规定，也大大地提高了驻藏大臣的权力，更进一步加强了清朝中央政府对西藏的统治，在巩固国防和安定社会秩序方面起着一定的积极作用。

君王游乐万机轻,一曲霓裳四海兵。

玉辇升天人已尽,故宫犹有树长生。

——〔唐〕李约《过华清宫》

盛世难继

乾隆中期,边疆稳固、社会安定、物阜民丰,乾隆帝的文治武功使清朝统治达到盛世顶峰。但是,盛世之下的诸多隐患,如同一个个蛀虫,日夜蛀蚀着盛世的果实,令清朝统治的盛世难以为继。

历经几代人的努力,清朝国力日益强盛,商品经济迅速发展,社会财富也有了一定的积累,统治阶级和地主阶级中逐渐出现奢侈腐化、巧取豪夺之风。尽管乾隆严厉肃贪,但是,盛世的繁华使其安于现状,乐在其中,乾隆本人的骄奢习性也愈演愈甚。

乾隆曾先后六次南下江浙巡视,2500 人的南巡队伍,耗资巨大。据估计,乾隆六次南巡的各项花费总数达 2000 多万两白银,相当于乾隆三十一年(1766)全年国家财政收入的一半。

另外,乾隆还大兴土木,修建和维护宫殿、皇家园林。如修建宁寿宫及其花园,将天坛祈年殿换上蓝色的琉璃瓦,等等。雍正时期,圆明园已有 28 景,到乾隆初期又扩建为 40 景;人称

"散财童子"的乾隆帝也是一位孝子,为了让母亲开心,每次母亲大寿,乾隆帝都要一掷千金。乾隆十四年(1749),为了给母亲过60寿辰,乾隆令人修建了清漪园(颐和园前身),工程历时15年,耗银近450万两。不仅如此,乾隆帝将母亲掉的头发收集起来,乾隆四十二年(1777)为母亲做了一个藏发塔,毫不心疼地用去黄金3000多两。

乾隆的铺张无度,给了官吏们贪污腐败的机会。乾隆三十三年(1768),两淮盐政以筹措乾隆的南巡费用为名,私自提高盐税,所得收入只有一部分作为南巡费用,大部分被两淮盐政侵吞。

乾隆帝一扫康、雍时期的勤俭之风,其恣意挥霍和锦衣玉食般的生活方式,引领那些王公大臣、官僚地主、八旗子弟们过上了奢侈淫靡、挥金如土的日子,也为其宠臣和珅招权纳贿提供了更多机会。

和珅(1750—1799),姓钮祜禄氏,字致斋,出生在官宦之家,满洲正红旗人。曾祖父尼雅哈纳曾为三等轻车都尉[①],父亲常保曾任福建副都统。和珅3岁时,生母去世,少年时进入皇宫西华门内的咸安宫官学读书,受过良好的教育。和珅"少小闻诗达礼",只是家中经济条件并不富裕。18岁时,和珅以其老成持重、聪明机智、喜怒不形于色的品质,被官阶正二品的内务府总

---

① 轻车都尉是公、侯、伯、子、男这五等封爵之下的世职,相当于官阶正三品。

管大臣英廉看中，成为其孙女婿。20岁时，承袭曾祖父尼雅哈纳的三等轻车都尉（类似管理车兵的连长）世职。

据说，和珅不仅外表仪度俊雅，而且是个有心的博学之人，作为满人，他不仅精通汉语，还擅长蒙语、藏语。此外，他还精心研究乾隆的诗作文章，勤奋模仿乾隆的书法。

乾隆三十七年（1772），22岁的和珅被挑选入銮仪卫，负责皇帝巡狩之时扶舆、擎盖之事。这一职位为和珅日后飞黄腾达创造了条件，和珅抓住机会在乾隆面前表现自己，博得了乾隆帝的欢心。乾隆四十年（1775）十月，和珅升至乾清门侍卫，十一月升御前侍卫，授正蓝旗满洲都统。第二年正月，授户部右侍郎。

此后20年的时间里，和珅扶摇直上、不断升迁，文职、武职和学职无一不涉足：封一等忠襄公，任首席大学士、领班军机大臣，兼管吏部、户部、刑部、理藩院、户部三库，还兼任翰林院掌院学士、《四库全书》总裁官、领侍卫内大臣、步军统领，等等。

和珅能够平步青云，是因为他懂得如何抓住乾隆的心。乾隆晚年志得意满、自诩明君、好大喜功、爱听谀言。凡是乾隆要做的事，和珅决不唱反调，而且总是能够立刻遵办，并且能办得表面上十分妥帖。这让乾隆觉得和珅是最能体察其心意的大臣。因此，对和珅的恩宠总是有增无减，以至于和珅的官阶之高、管事之广、兼职之多、权势之大，实为清朝罕有。

乾隆还将其女儿和孝公主赐婚给和珅之子丰绅殷德，更加巩固了和珅的地位。权倾朝野的和珅成了一人之下万人之上的人物。

恃乾隆之宠，和珅明目张胆地专擅自恣。政治上独断专行，飞扬跋扈，曾经行文各省，令凡有奏折先将副本呈交军机处，然后上奏。同时，控制官吏铨选大权，任人唯亲，遍置私党；经济上千方百计搜刮财富、聚敛钱财。一些朝臣和地方官员，为了讨好和珅，想方设法搜刮珍宝向他贿赂。而反对和珅的人，最终不是丢官就是丢命。和珅的专擅贪黩对乾隆后期纲纪的败坏起了推波助澜的作用。

乾隆六十年（1795）九月初三，乾隆在勤政殿召集皇子、皇孙、王公大臣们，宣布立十五皇子、嘉亲王颙琰为皇太子。第二年正月，乾隆帝内禅典礼隆重举行，颙琰即皇帝位，改年号为"嘉庆"。

乾隆自动让位，是为了实践自己的诺言。乾隆崇拜的祖父康熙帝在位61年，乾隆因此许诺，如果自己能在位60年，他就传位嗣子。当60年的期限到来之时，乾隆不得不让出皇位。但是，朝纲独断的乾隆帝虽然已经86岁高龄，却并不甘心退居二线。他在册立嗣皇帝的同时也宣布，"归政后，凡遇军国大事及用人行政诸大端，岂能置之不问？仍当……躬亲指教"，嗣皇帝必须"朝夕敬聆训谕"。随后，乾隆又做了三年握有实权的太上皇。当时的年号也有两个：宫内皇历仍用"乾隆"年号，各省改用"嘉庆"年号。

这时的乾隆年老体衰、记忆力减退，但对和珅的宠信却丝毫未减，朝政多交给和珅处理。而和珅的全部精力都用在聚敛个人财富、搜刮民脂民膏、卖官鬻爵之上，其腐败、权力关系网纵横朝廷内外。乾隆至死不渝的权力欲，为和珅的专擅大开方便之门。而这一切的背后却是人民生活的日渐贫困，社会矛盾不断加深。

雍正年间实施的"摊丁入亩"政策，带动了人口急剧增长；全国人口从乾隆初年的1.4亿增长到乾隆末年的3亿。但是，耕地的增长速度却显得不急不缓，甚至出现耕地不足、粮价上涨、粮食紧缺的现象。而贵族官僚、地主、大商人们却没有停止对土地的兼并。早在乾隆十三年（1748）就有人说："近日田之归富户者，大约十之五六，旧时有田之人，今俱为佃耕之户。"就是说，土地兼并之风早已盛行，没有土地的农民、失去土地的农民被迫流离失所，即使有耕地的农民也要承受高额的税赋，生活举步维艰。

乾隆末年，不堪重负、走投无路的农民揭竿而起，各地不断爆发农民起义：山东的王伦起义，甘肃的回族、撒拉族起义，台湾的林爽文起义，新疆的乌会起义等等，风起云涌。这些起义虽然都被清朝廷镇压下去，但是，清王朝也在快速地陷入衰败的泥沼之中。

嘉庆四年（1799）正月初三，乾隆驾崩于紫禁城养心殿，葬于河北遵化马兰峪裕陵，庙号"高宗"。

一道残阳铺水中,半江瑟瑟半江红。

可怜九月初三夜,露似真珠月似弓。

——〔唐〕白居易《暮江吟》

扳倒和珅

嘉庆四年(1799),乾隆去世,39岁的嘉庆终于名副其实地做了皇帝,承接着乾隆留下的危机四伏的江山——社会危机、财政危机以及吏治败坏的政治危机。

在嘉庆看来,朝中上下腐败成风的罪魁祸首就是和珅。长久以来,和珅的所作所为,嘉庆一直看在眼里记在心里。乾隆驾崩之后,和珅失去靠山。嘉庆亲政的第二天,就下令革去和珅的军机大臣、五门提督的头衔。4天后,夺其职并拘捕下狱,查抄家产,随后公布了和珅的20条罪状。第14天,和珅被赐死,时年49岁。就这样,短短的十几天里,受乾隆恩宠了30年的和珅,匆匆走完了一生,不情愿地追随乾隆而去。

查抄和珅家产时,共列出109张清单,其中83张未估价。估价的26张清单中,白银就有2亿两。而当时清政府年总收入约白银7000万两。和珅到底有多少家财至今没有一个明确数字,有人说是8亿两,有人说是几千万两,不管怎么说,和珅可谓富可敌国。他的家财被没收后，坊间流传着"和珅跌倒，嘉庆吃饱"的说法。

和珅的万贯家财充盈了国库，和珅的腐败作风却早已"病染"朝野。和珅被诛后，有朝臣上疏，主张究其余党。但是，刚刚亲政的嘉庆帝为了稳定人心，不想做出令政局动荡的举措，因而只是处罚了和珅的个别亲信，撤换了和珅时代的部分省级高官，例如南京总督、陕甘总督、闽浙总督、湖广总督和云贵总督等等，但是，这些被撤换的官吏随后又出现在其他职位上，并未受到严重的处罚和追究。那些由和珅保举的官员及向和珅行贿的官员也毫发无损。

为了整治腐败，嘉庆听取了师傅朱珪的劝告，"身先节俭，崇奖清廉"，不学父亲迷恋游山玩水，征歌选色。嘉庆在位期间，虽也外出几次，也曾微服私访，但终不敢师法其父；生活简单而清静，并学先帝勤于政事，同时，禁止地方官上呈宝物。嘉庆帝希望以自身行为感染朝中文武百官，但是，此时的清王朝的吏治腐败已入膏肓，远非简单的说教就能根除病症。

此后，嘉庆帝虽然也对官员的玩忽职守之风加以整顿、查处，但是，嘉庆帝每次处理均不肯下"猛药"、彻底惩治，这令官吏们有恃无恐。

嘉庆年间，西方世界发生了历史性的、划时代的巨大变化。英国的工业革命如火如荼地进行了几十年；美利坚合众国已经成立，4年一次的总统全民选举一届届地更迭着；法国的资产阶级革命的胜利,《人权和公民权利宣言》发表,整个欧洲都向法国倾注了羡慕的目光;东邻日本虽然闭关自守,但是向西方学习先进科学的"兰学"热潮已经掀起。

相比之下,在清王朝的统治下,中国的社会发展已经落后于西方。而嘉庆帝仍然沉浸在其父声称的"天朝统驭万国""天朝抚有四海"的自满之中,闭关自守,严守先君之制,重农抑商,压制各地工矿业。

但是,迅速发展起来的西方各国,特别是英、法两国不愿意放弃中国这个大市场,总是想方设法到中国开展贸易。尽管自乾隆年间清朝政府就对外国商人进行限制,但是,西方各国来华的商船却逐年俱增。除英国之外,法国、荷兰、奥地利、丹麦、瑞典、普鲁士,甚至刚刚建国的美国都派商船加入了对华贸易的队伍,仅乾隆五十四年(1789),美国来华商船的数量已达15艘,超过荷兰和法国等国,仅次于英国。

然而,清朝廷从乾隆朝起规定:洋人只能在广州一个港口进行贸易活动;不许洋人把妇女带到广州,也不许在广州雇用中国女仆;不准洋人将火器带进广州;等等。这样一来,洋人只能把"家"安在澳门。好战的西方人对清朝政府的种种限制非常恼火,开始寻找各种借口以军事手段向清朝廷发起挑战。

嘉庆五年(1800),英国船只"天祐号"驶往广州黄埔,无故向中国民船开枪,打伤1人,1人落水淹死;嘉庆七年(1802),英国借口保护澳门,以防法国海军袭击,将兵船开入澳门;嘉庆十三年（1808），英国再次以防御法国侵占澳门、保护英国贸易为由，强行登陆并占据炮台多座。

面对英军擅占中国领土的行为，两广总督吴熊光不敢应战，只是派人晓谕英军撤退。一个多月以后，英军不但不退，反而进一步调兵遣将，昂然直入，进驶虎门，公然侵犯中国的领海。而吴熊光仍胆怯犹豫，举棋不定，上奏朝廷，请皇帝定夺。嘉庆帝谕旨军机大臣，痛斥吴熊光渎职，令其严办此事。随后，吴熊光向英国商人大班（东印度公司的驻广州代表）宣读了嘉庆的圣旨，告知清政府将调兵进防，并且即刻部署军事行动，同时中断了贸易活动。紧张的形势迫使英军撤离。

早在雍正朝时期，英国已经开始向中国输入鸦片，毒害中国百姓。嘉庆执政后，曾先后两次下令禁止私贩鸦片，禁止官民吸鸦片。

嘉庆二十一年（1816），英国再次派使臣阿美士德来华，继续要求清廷增加港口，扩大贸易。但是，由于英国使臣不愿遵从中国式的参见方式（跪拜叩首）面见皇上而被迫离境，中英关系逐渐恶化。

嘉庆二十五年（1820）七月，嘉庆在承德避暑山庄的烟波致爽殿病逝，终年61岁。葬于河北昌陵，庙号"仁宗"。

面对外来压力，清朝廷没有意识到加强国力的重要性。同样，对于国内人口增长带来的社会压力，以及因此陷入贫困的社会经济，清朝当权者也无所作为。地主和商人在获得丰厚的利润之后，也极少将资金投向提高生产效率、促进经济繁荣的事业上，只是购置更多的土地和放高利贷，或者挥霍于奢靡的生活。社会矛盾日益加深，最终导致各地民众起义不断。

内外诸臣尽紫袍,何人肯与朕分劳?
玉杯饮尽千家血,银烛烧残百姓膏。
天泪落时人泪落,歌声高处哭声高。
平时漫说君恩重,辜负君恩是尔曹!

——嘉庆皇帝

白莲教起义

嘉庆年间,在湖北、四川、陕西三省发生了清朝统治中期规模最大的一次起义——以白莲教为组织形式的大规模的农民反抗起义,历时9年,波及5省。为了镇压这场起义,清廷耗银2亿两,20余名高级将领丧命。

白莲教兴起于南宋时期,最初只是个普通宗教组织,在下层民众中传布。到了清朝,白莲教发展成为反对封建统治、被统治者查禁的地下秘密结社。康熙年间,蒲松龄在作品《聊斋志异》卷九《白莲教》中写道:"白莲教首领徐鸿儒,得到了一本旁门左道的书,能够驱使鬼神为他做事。一次他稍微试验了一下,观看的人都感到惊恐,投奔到他门下的人就多起来。于是,徐鸿儒暗暗萌发了造反的念头……"

乾隆中期,以白莲教的名义发起的农民起义频发。乾隆三十九年（1774），山东王伦起义；乾隆四十年（1775），河南刘松起义。乾隆后期，政治败坏，权贵们大肆兼并土地，加之自然灾害频繁，流民增加，社会矛盾逐渐恶化，人民的反抗情绪更加高涨。而白莲教则抓住机会向受压迫的农民伸出了援救之手，队伍迅速壮大。

白莲教向人们提示光明战胜黑暗的前景，提倡"有患相救，有难相死，不持一钱，可以周行天下"；宣扬凡是信奉白莲教的人，因有莲花护身，就可以渡过来日的大灾大难。到乾隆末年，白莲教教徒已达300万人，主要集中在四川、湖北、陕西、河南等地。其中，仅四川、湖北两地信徒就有200万之多。

乾隆末年，清廷加大了对白莲教的打击力度，白莲教的一些首领在河南、安徽等地传教相继被清朝政府抓获。乾隆五十八年（1793），白莲教一位首领刘之协被捕后逃跑。清朝廷下令搜捕白莲教徒。一时间，大批教徒被捕。同时，一些地方官吏以抓白莲教徒为由四处搜捕，趁机勒索，不论是否入教，交钱放人。有的甚至以严刑拷打逼供，用钉子将人钉在墙上。清朝廷的残忍镇压致使民怨沸腾。

嘉庆元年（1796）正月初七，湖北枝江、宜都的白莲教首领聂杰人、张正谟打起"官逼民反"的口号发动起义，揭开了白莲教起义的序幕。随后，林之华、覃加耀于长阳、长乐（今五峰）继起，当阳、来凤、竹山、孝感等地亦有人继起响应。当阳首领杨起元率领教众杀死县官，占领当阳。接着，王聪儿、姚之富、张汉朝等人在襄阳、樊城举义响应。起义迅速扩散，顷刻间，遍及川、楚、陕、甘、豫五省。

其中，以王聪儿、姚之富为首的湖北襄阳起义军发展最为迅速。清廷急令陕西、广西、山东调兵7000人，会同湖北及四川清军共万余人，派出湖广总督毕沅、湖北巡抚惠龄，前去镇压。王聪儿和姚之富一路打到孝感，逼近汉阳，后因大水阻隔未能占领武昌。

起义军越战越勇，清政府也加大了征剿力度，派出护军统领明亮、三等侍卫鄂辉、直隶提督庆成调集苗疆兵2万人，同时命令山东、直隶及京师健锐、火器营兵6000人增援，并且发动各地的地主阶级武装共同镇压起义军。竹山、当阳、枝江等地起义军逐渐被清廷镇压。

面对清军的围攻，王聪儿、姚之富毫不退缩，采取"不整队，不迎战，不走平原。唯数百为群，忽分忽合，忽南忽北，以牵我（清）兵势"的策略应对。嘉庆二年（1797），王聪儿、姚之富率5万起义军挥师北上，进入河南，后转战陕西，进军四川，分别与各地首领李全、高均德、徐天德、王三槐等人会合。

起义军一路北上，清军一路尾随，起义军忽南忽北的行军方式，拖得清军疲惫不堪。同时，起义军所到之处，穷苦农民纷纷加入队伍，起义军的规模一度扩展到10万余人。为了更有效地协同作战，起义军经过协商，决定按地区进行编制，分别以黄、青、白、蓝等各色为号。同时设立了掌柜、元帅、先锋、总后、千总等官职。起义军北上会师后的第二天，各路起义军分别行动，各自为战。王聪儿等人率军撤离四川，返回湖北。

在回湖北途中，王聪儿、姚之富的起义军与清军展开数次激战。嘉庆三年（1798），王聪儿、姚之富入陕经山阳再入湖北时，被清将明亮、德楞泰围困在"三岔河"。最后，7000名起义军战死，王聪儿、姚之富跳崖自杀。余部继续战斗，最终也于嘉庆四年（1799）被清将明亮镇压。

四川起义军在徐天德、冷天禄、冉文俦、罗其清等人领导下，兵分川东、川北两路继续起义。这时，嘉庆已经亲政，为了缓解民怨，嘉庆大力整顿吏治，诛和珅，惩侵饷大员，整顿军纪，严惩无能将吏。对起义军实施剿抚并施的政策，意在瓦解起义队伍。

此时，清廷开始大力招募地主"乡勇"武装，配合官军镇压起义。从嘉庆三年（1798）开始，四川招募武装乡勇就达37万人，湖北也有36万人。清军利用乡勇熟悉地形，了解起义军内部情况的优势，采取筑寨、坚壁清野的政策措施，切断地方百姓对起义军的接济之路，给起义军造成极大困难。致使起义军败多胜少，一些起义军首领或被捕或战死。

到嘉庆六年（1801），起义军人数锐减到2.4万余人。在极其艰苦的条件下，起义军仍继续坚持斗争，并没有放下武器。同年，龙绍周、苟文明、王国贤、冉学胜几路起义军聚集在陕、川、楚边界。清军各路将领于陕西平利重新部署战略计划，决定分兵合击起义军，德楞泰由西南进攻，额勒登保由东北半路拦截，围剿三省交界之地。额勒登保选出200名士兵，穿上起义军的服装，利用降清的起义军为向导，袭击起义军，致使起义军损失惨重。额勒登保、参赞德楞泰会同川督、陕督、楚督，以大功勘写，向嘉庆帝报功，嘉庆帝为此大封有功将领。

这时，还有小股起义军仍在湖北、陕西、四川的深山老林中活动。嘉庆命清军务必彻底镇压。嘉庆八年（1803），额勒登保奏报"三省肃清"，嘉庆命清军撤离，解散乡勇，发放遣散费遣散，送回原籍。但是，遣散费多被长官克扣，有些乡勇也无家可归、无地可种。因此，清军撤离之后，无依无靠的乡勇加入了走出深山的起义军队伍，再度起兵抗清。嘉庆再次调集兵力进入川、陕、楚边境的老林区，在崎岖的山路、曲折的林道中，双方展开艰苦的斗争。战斗延续了一年之久，直至嘉庆九年（1804），起义军才被全部镇压，轰轰烈烈的白莲教起义彻底以失败结束。

碧叶伤心亡国柳，

红墙堕泪南朝庙。

问孝陵松柏几多存？

年年少。

——〔清〕郑板桥《满江红·金陵怀古》

道光时代

1820年，39岁的皇次子新觉罗·旻宁（1782—1850）继承皇位，接掌了灾祸频仍的清王朝，年号"道光"。

一朝天子一朝臣。道光上台后，即刻调整中枢机构官员，改革各项内政事务。首先是治河和漕运。清朝入关以来，虽然对这两项事务不断治理，但是问题依然存在。尤其是嘉庆年间，黄河屡次溃决，致使运道淤阻严重；而漕运官员又中饱私囊，导致漕运费用逐年提高。道光一面加强疏浚河道，一面尝试新的漕运方式。

过去，漕粮都是由江苏走大运河运输到北京。从道光朝开始，尝试走海运。道光六年（1826），清廷第一次海运漕粮成功，160多万石的米粮在900只货船的运载下，从上海顺利运至天津。此后，漕粮海运坚持了20年。而长江以南的运河也得到彻底的整顿，疏浚了徒阳河、刘河、白茆河等处。随着河道的疏通，海运再次消失。

道光的另一项重要举措是改革盐务制度。之前，清朝的盐务制度一直沿用明朝的纲盐法：朝廷向盐商发放"盐引"①，并把领有盐引的商人编入纲册，凡纲册有名者，准许其贩盐，无名者不得加入。

这种专卖制度，使得食盐生意大都垄断在少数的盐商手中。而盐商除了需要上缴盐税之外，还要交纳各种名目繁杂的浮费，运营成本越垒越高，导致盐价逐年上涨。盐价高，老百姓就买不起，私盐就有了销路。道光初年，私盐泛滥，合法的盐商只能望着滞销的食盐兴叹，清朝廷的盐税收入也随之降低。

道光十一年（1831），道光接受了两江总督陶澍的建议，取消了垄断性质的纲盐法，实施票务制度：只要纳税就可以领票，从事食盐的运输和销售。同时，清朝廷加大了对贩卖私盐的打击力度。盐价随之降低，朝廷税收也增加了。

然而，清朝历代皇帝一味地重农轻商，导致社会生产力发展滞后，农业生产率下降，劳动力又多陷于单一的粮食生产之中。落后的经济无法满足人口增长所带来的消费压力，贫困、落后和饥荒成为清王朝无法根治的痼疾。清廷除了沿袭先帝们蠲名钱粮、

---

① 商人需要花钱或支付其他实物购买的一种领取和销售盐的凭证，一张"盐引"准许贩盐200斤。

赈济灾民手段之外，便束手无措了。道光末年，迫于财税的压力，道光决定松动乾隆期间的封矿政策，从而增加了就业，缓解了部分地区人民的生活压力。

道光年间的边疆也不安定。道光即位不到一个月，新疆南部就发生了张格尔叛乱。

张格尔是乾隆朝时期发动叛乱的大和卓波罗尼都的孙子。大小和卓之乱被乾隆平定之后，张格尔的父亲萨木萨克逃至浩罕（中亚伊斯兰教国家，时称安集延）。张格尔生于浩罕，长大后，梦想有朝一日一统南疆，恢复和卓家族的统治。嘉庆二十五年（1820）至道光八年（1828），张格尔先后三次潜入南疆发动叛乱。

同一时期，清朝廷派驻新疆的参赞大臣斌静，亦是胡作非为，擅作威福，荒淫无度，引起当地百姓的憎恨，为张格尔偷袭喀什噶尔（今新疆喀什）提供了可乘之机。

嘉庆二十五年（1820），张格尔率领数百人，袭击清军卡伦（边防哨卡）入境。清朝伊犁将军庆祥从北疆日夜兼程奔赴喀什噶尔，派领队大臣色普征额击退了张格尔的首次作乱。

道光四年（1824），张格尔率兵二次入侵，在喀什噶尔西北边境乌鲁克恰提卡伦与清军交火，遭到喀什噶尔领队大臣巴彦巴图的迎头痛击，张格尔再次退回浩罕。

为了加强喀什噶尔的边境防务，道光将斌静免职逮捕，改派永芹继任驻新疆的参赞大臣。道光五年（1825）冬，再派庆祥为伊犁将军兼领喀什噶尔参赞大臣。

道光六年（1826）七月，张格尔第三次进攻喀什噶尔。这一次，他纠集了安集延、布鲁特族的500多人入境。同时，张格尔还得到浩罕的兵力支持，浩罕国王穆罕默德·阿里汗亲自率军队万人入侵，攻打喀什噶尔。阿里汗之所以如此卖力，是因为张格尔答应他，攻下喀什噶尔、英吉沙尔、叶尔羌、和阗，便割喀城给他，所得人口、财物平分。

浩罕军入境后遭到清军的反击。阿里汗见势不妙决定撤军，只留下近300人帮助张格尔继续攻城。八月二十日，张格尔攻陷喀什噶尔徕宁城，参赞大臣庆祥自刎殉国。第二天，张格尔举行了盛大的入城仪式，宣布自己是"赛义德·张格尔苏丹"（圣人后裔张格尔国王）。不久，英吉沙尔、叶尔羌、和阗三地也被张格尔占领。

在张格尔进攻喀什噶尔之时，清朝廷已经调集陕西、吉林、黑龙江、甘肃、四川五省3万多兵力，向阿克苏会合。十月，清军抵达阿克苏，击退了企图强渡浑巴什河的张格尔叛军，堵住张格尔北上的通道。十一月，双方再战柯阿克苏以西的柯尔坪，清军大胜，夺取了进攻喀什噶尔的门户。此后，清军与张格尔打了几场硬仗，道光七年（1827），清军相继收复英吉沙尔、叶尔羌、和阗。张格尔逃出境外。道光八年（1828）春节前夕，流窜到帕米尔山中的张格尔再度纠集500多人，欲趁春节年关清军疏于防范之际偷袭喀什噶尔。不料，6000余清军早已埋伏在附近，前来偷袭的张格尔在铁盖山（阿富汗东部）被生擒，后押送北京处死，叛乱彻底平息。

边疆之乱平定后，各地农民起义又揭竿而起。道光十一年(1831)，爆发了以赵金龙为首的湖南、广东瑶民起义，清朝廷用了8个月的时间平息了这场起义。随后的10年里，清朝廷年年都派兵镇压一些小规模的农民起义。

但是，无论是农民起义军还是张格尔的叛乱，都没有对清朝廷构成严重的威胁。道光年间，最大的麻烦来自英国殖民者。

> 天山万笏耸琼瑶，
>
> 导我西行伴寂寥。
>
> 我与山灵相对笑，
>
> 满天晴雪共难消。
>
> ——〔清〕林则徐《塞外杂咏》

鸦片祸国

18世纪中叶，英国的工业革命震动了整个欧洲大陆，西方各国纷纷效仿，资本主义列强相继兴起，英国成为世界上最强大的资本主义强国。

为了保障原料供应、扩大商品销售市场，西方各国开始对外争夺殖民地。掌握海上霸权的英国在争夺殖民地的活动中一马当先。

英国商人较早就开始到中国开展贸易活动。康熙五十四年（1715），英国商人在广州设立商馆，贸易活动趋于经常化。当时，中国出口英国的物品有茶叶、生丝、陶瓷等；英国输入中国的则有毛织品和金属制品等。

当时，中国经济处于自给自足的自然经济，生活水平不高，土特产和手工制品基本能够满足需要，对于外来的工业品需求极少。而外来物品经过长途运输来到中国后，售价奇高，只能是一些有钱人的奢侈品，销路可想而知。

但是，欧洲各国对于中国出口的茶叶、生丝、土布的需求量却非常旺盛。仅乾隆四十六年至乾隆五十五年的10年间，中国出口英国的茶叶一项就达近亿两白银，而英国输入中国的全部商品额仅为茶叶总价的1/6。

中国的巨额贸易顺差，加上清朝的锁国政策令英国殖民者越来越不满。这时，英国人发现向中国倾销鸦片可以获得巨大利润，便希望以此打开中国的贸易大门。

早在雍正年间，英国已经开始向中国出口鸦片，总数约为200箱，乾隆年间增至1000箱，嘉庆年间达4000箱。

鸦片是一种让人上瘾的毒品。当大量的鸦片源源不断地流向中国后，中英之间的贸易额即刻出现逆转，清朝也由白银的进口国成为出口国，白银大量外流，银价不断上涨。加上清朝廷的税源枯竭，国库存银日渐减少，加深了清朝廷的财政危机。

随着鸦片贸易的扩大，吸食鸦片的人也逐渐增多，据估计，嘉庆二十五年（1820）仅苏州一城，"吃鸦片者不下十数万人"。鸦片在中国的蔓延，造成了严重的社会危机。

清政府也逐渐了解了鸦片的危害，从嘉庆四年（1799）开始，嘉庆下令禁止鸦片进口；同时多次下令禁止国民吸食鸦片。但是，在巨额利益的驱使下，鸦片走私未曾停止，一些外国商人和中国商人，以及沿海地区的腐败官吏，贪利纳贿，使得走私鸦片如入无人之境。至道光十八年（1838），鸦片年输入量猛增至4万余箱。

围绕着鸦片问题，清政府内部出现了不同意见。道光十六年（1836），太常寺少卿许乃济奏请取消鸦片输入的禁令，收取鸦片税，主张使其合法化。道光十八年（1838），鸿胪寺卿黄爵滋上书道光帝，痛陈鸦片祸害，主张严惩鸦片吸食者，以抵制鸦片输入。这一主张得到大多官员的支持，也与道光的想法不谋而合。同时，湖广总督林则徐也奏称：鸦片为害巨大，若不认真查禁，"数十年后，中原几无可以御敌之兵，且无可以充饷之银"。

道光十八年（1838）四月初八，道光接受黄爵滋的建议，限令吸食鸦片的人在一年内戒绝，逾期将处死刑。随后，派林则徐为钦差大臣，到广州迅速展开查禁鸦片行动。

道光十九年（1839）年初，林则徐到达广东，接连7天对当地鸦片走私及政治情况进行秘密走访调查，掌握了第一手资料。第8天，林则徐传见清政府设在广州驻负责对外贸易的十三行的行商，并痛斥他们收取赂银、帮助洋商私贩鸦片。还令他们转告英商做两件事：第一，三日内交出所有已经运到中国尚未出售的鸦片；第二，出具甘结，声明以后不再来华贩卖鸦片，如再贩，一经查出，甘愿受罚。

最初，英商怀有侥幸心理，以为这不过又是一场虚张声势的行动，纷纷观望，不予理睬。不料，期限一过，林则徐下令封锁了十三行商馆地区。连同英国商业监督义律在内的350多名外国人都被封锁在那里,并且禁止一切对外联系。义律被迫劝告洋商交出了鸦片。这次查禁共缴获鸦片 2 万多箱(每箱 120 斤)。

道光十九年(1839)四月二十二日,林则徐会同两广总督邓廷桢,在虎门当众销毁鸦片,销毁行动历时 23 天。

林则徐的查禁行动严厉地打击了鸦片贩子们的嚣张气焰。然而,英国殖民者却并不肯就此退出中国市场,一场武力入侵中国的行动正在暗自酝酿之中。

举头西北浮云，倚天万里须长剑。人言此地，夜深长见，斗牛光焰。我觉山高，潭空水冷，月明星淡。待燃犀下看，凭栏却怕，风雷怒，鱼龙惨。……千古兴亡，百年悲笑，一时登览。问何人又卸，片帆沙岸，系斜阳缆？

——〔南宋〕辛弃疾《水龙吟·过南剑双溪楼》

第一次鸦片战争

清政府查禁、销毁鸦片的消息传到英国后，1839 年，英国内阁做出"派遣舰队到中国海"的决议。1840 年 2 月，英国政府任命懿律（Admiral George Eliot）和义律（Charles Eliot）为正副全权代表，懿律为远征军总司令。4 月 7 日，英国国会召开会议，经过三天讨论，于 4 月 10 日，以 271 票对 262 票的微弱多数通过了政府的对华政策。随后，英国侵略者"为鸦片走私的利益而发动了第一次对华战争"。

早在懿律到达之前，已经有几艘英国兵船陆续抵达中国领海，并且在 1839 年 9 月和 12 月，先后两次在九龙、穿鼻洋与中国兵船发生小规模的海战。中国水师提督关天培沉着应战，英军受阻。1840 年 6 月 28 日，英国远征军统帅懿律率领 4000 兵力，兵舰 16 艘，武装汽船 4 艘，载兵船 1 艘，运输船 27 艘，及大小火炮 540

门抵达中国海域。随后，留下4艘兵舰和1艘汽船封锁珠江口以牵制中国兵力。6月30日，英国远征军在海军司令伯麦（James John Garden Bremer，1768—1850）的率领下北上，游弋到舟山海域。7月5日，英军攻打定海县城。

英军的北上并未引起清政府的重视，以为英国的举动只是保护鸦片走私货船的行为。因此，当英军攻打定海县时，清军水师毫无戒备，加上双方武器装备的差距，清军水师很快就丧失了还击能力。6日凌晨，定海失陷。定海知县姚怀祥自杀。

英军继续北上，到达吴淞海口时留下两艘兵舰封锁扬子江。英军主力直指京津要害，对清朝政府形成威慑。1840年8月15日，英军抵达天津大沽口外。

当英军攻下定海、抵达天津之后，清廷才认识到问题的严重性。道光立即派出直隶总督琦善处理此事。琦善最初也主张严禁鸦片，而且态度强硬。但是，当他了解到英军的实力之后，即刻转变了态度，开始主张对英军实行安抚政策。见了懿律后，他接受了英国首相巴麦尊给道光的信函。这也是英军此行的目的——直接将信函送达清廷皇帝，改变以往由广州"十三行"代呈信函的方式。

信中要求清政府向英国赔礼道歉、赔偿鸦片损失、割让岛屿、赔偿军费、中英官员平等来往。然而，也许是翻译的原因，道光看到的信函却是另一个样子，完全是申诉冤屈、乞求恩典的内容。因此，道光觉得英军无非是因为鸦片的问题受了委屈，才不惜千里投书。他认为英国人如此兴师动众完全是为了来向他递"状子",而英国人之所以动武完全是林则徐处理问题不当惹下的祸。于是,道光派琦善向懿律传达了下面的谕旨:

> 大皇帝统驭寰瀛,薄海内外,无不一视同仁,凡外藩来中国贸易者,稍有冤抑,立即查明惩办。上年林则徐等查禁烟土,未能仰体大公至正之意,以至受人欺蒙,措置失当。兹所求昭雪之冤,大皇帝早有所闻,必当逐细查明,重治其罪。现已派钦差大臣驰往广东,秉公查办,定能代伸冤抑。该统帅懿律等,著即返棹南还,听候办理可也。

这时,英军发生流行疫病,病死400多人,加上清政府态度软化,英军也借势于9月15日离开天津南下,并同意在广东继续与清朝谈判。

9月17日,道光任命琦善为钦差大臣,赴广东继续与英代表交涉。同时,下令革去林则徐、邓廷桢等人的职务。

11月末,琦善一到广州,就把林则徐所调集的兵船裁去三分之二;将珠江口防务设施拆除,以此讨好英军。但是,琦善的懦弱反使入侵者更加狂妄。

谈判中,琦善答应惩办林则徐,恢复广州通商,赔偿部分被焚鸦片损失,中英之间可以交换文件。关于割地的条件则不敢做主,但是答应向道光请示。义律不满,决定以武力向清朝廷施压。1841年1月7日,英军向虎门沙角、大角炮台发起进攻,清军英勇抵抗，打死打伤英军 100 余人。但是，清军防守兵力不足，企图息事宁人的琦善又拒发援兵，眼看着英军在中国国土上耀武扬威，导致两个炮台失守，清军副将陈连升父子及 600 余清兵阵亡。

琦善见状，慌忙要求停战续谈。1 月 20 日，双方达成了所谓初步拟订的《穿鼻草约》（以下简称《草约》）。《草约》包括割让香港给英国；中国赔偿烟价白银 600 万两；开放广州。在琦善看来这只是个草拟的东西，还需向皇帝请示之后才能定夺。但是，当时从广州至北京往返要数月，因此，还未等道光接到消息，《草约》拟订的第 6 天，义律已经单方面公布了《穿鼻草约》。公布的第二天，英军即刻强占了香港。

道光闻讯勃然大怒，当即将琦善革职，下诏对英宣战。随后，清朝廷派出宗室御前大臣奕山为靖逆将军，尚书隆文和、湖南提督杨芳为参赞大臣，调集各省军队 1.7 万人，开赴广东与英军作战。不等大批人马抵达，义律已经先发制人。

2 月 19 日，英舰开始向虎门口集结。2 月 26 日清晨，英军炮击虎门炮台，水师提督关天培率军奋勇抵抗，最终壮烈牺牲，清兵死伤近千人，而英军只伤亡 14 人。虎门炮台失守。

3 月 5 日，参赞大臣杨芳到达广州，这位对内镇压起义不遗余力的悍将，对外作战却是个外行。清军八旗是以铁骑征战而扬威四方，海上作战缺乏经验，能力更差。加之长期以来，清朝固守着"普天之下，莫非王土"的旧观念，无视西方各国的发展，将其他国家视为"朝贡"的藩属国，从来不花精力研究欧美各国的现状。因此，当英军入侵之时，他们在不了解对手的情况下仓促应战。

杨芳到广州后，下令搜集民间马桶，内部盛满棉絮，浸洒毒药、桐油，上面盖上稻草，并排列于乌涌，待英军来犯时，迎烧英船。杨芳希望用这招"邪术"击退英军，结果，这自欺欺人的招数导致英军长驱直入，直逼广州城郊。面对英军的强势，杨芳束手无策，开始主张停战，设法与义律和谈。

4月，御前大臣奕山与各省调集的17万余兵力先后抵达广州。奕山一到广州，不对局势进行分析研究作战策略，而是诬蔑"粤民皆汉奸，粤兵皆贼党"，公然指责"患不在外而在内"，并提出"防民甚于防寇"的方针。为了报功邀赏，对战况还未了解的奕山就在5月21日夜，抱着侥幸心理，兵分三路贸然袭击英军。英军早有准备，借势反攻，清军一触即溃。随后，2000多英军包围广州城，以炮击城，万余清军缩在城内乱作一团。5月26日，奕山派广州知府余保纯出城求和。次日，签订了屈辱的《广州和约》。条约要求，清军退出广州30英里以外；交出"赎城费"600万两白银；赔偿英商馆损失30万两白银。

清军撤走后，城外的广州百姓不肯坐以待毙，奋起反抗英军的侵略。在广州的三元里发生了"平英团"击杀英国人的"三元里事件"。但是，无能的清朝将领并未抓住机会联合群众痛击英军，反而派出清兵为英军解围。

1841年5月，英国政府获悉义律发布《穿鼻草约》的消息后，认为收获太少，决定撤换义律，改派璞鼎查为全权公使，加大对中国侵略的力度。而道光得到奕山的报奏则是：还了英商600万两白银，英军就撤出虎门。随后又报，"英国并非有心干犯天朝""恳恩厚赦"。在不明真相的道光看来，这些说法意味着战争已经结束了。7月28日，道光下令酌量裁撤盛京、直隶、山东、江苏、福建等地调往广东的兵勇。

8月，璞鼎查到达香港，随即率兵进攻厦门，总兵江继芸力战牺牲，厦门陷落。英军继续北犯，攻陷定海、宁波。总兵葛云飞、郑国鸿、王锡朋等率领守军英勇抵抗，以身殉国。此后镇海、宁波相继失陷。

10月18日，为了挽回败局，道光任命他的侄子、协办大学士奕经为扬威将军，调集江西、湖北、四川、陕西等省军队1.2万人出师浙江征剿。奕经带了大批随从南下，一路游山玩水，4个月之后，1842年2月到达浙江绍兴。3月初，奕经等人决定兵分三路，妄图一举收复定海、镇海、宁波三城，结果失败。6月，英军进入长江口。6月16日，英军进攻吴淞炮台。两江总督牛鉴闻风而逃，江南提督陈化成率部抵抗，亲自操炮轰击敌舰，最后和百余守台士兵一同阵亡。吴淞口失陷，宝山陷落，英军随即侵占上海。

此时，道光对战事已经失去了取胜的信心。在主张求和的军机大臣穆彰阿的影响下，道光更加动摇，从主战转向求和。随即派出盛京将军耆英和两江总督伊里布与英军谈判。此时英军已经攻陷镇江，并于8月闯到南京江面。耆英、伊里布一路追随到南京要求和谈。1842年8月29日，经过10多天的讨价还价，双方签订了中国近代史上第一个不平等条约——《南京条约》，第一次鸦片战争结束。中国从此开始了半殖民地化的艰难苦旅。

津梁条约遍南东，

谁遣藏春深坞逢？

不枉人呼莲幕客，

碧纱幬护阿芙蓉。

——〔清〕龚自珍《己亥杂诗》

鸦片战争后遗症

《南京条约》是不折不扣的不平等条约，全部的 13 条中，条条都是英国的权利，句句都是中国的义务。清政府以为从此可以摆脱英国人的纠缠，却不知为此将要付出多少屈辱的代价。

条约规定：中国割让香港给英国；英国侵略中国所耗的军费由中国负担，中国商人欠英商的高利贷本利也由清朝政府代还，加上被查毁的价值 600 万两白银的鸦片，中国共计赔偿英国白银 2100 万两；英国政府享有在广州、厦门、福州、宁波、上海五个口岸城市进行商务活动等特权。

清政府的懦弱使英国人大受鼓舞，贪欲也急剧膨胀。条约签订后，英方并不满足，迫使中方在广东继续谈判。1843 年 6 月 23 日，双方在香港签订了《中英五口通商章程》；同年 10 月 8 日，又在虎门签订了《中英五口通商附粘善后条款》。在这两个条约中，英国又相继取得了协定关税、领事裁判权，划定租界、片面的最惠国待遇，以及有权在5个港口停泊兵船等特权。

眼看英国轻而易举从中国获得大把的银圆和权益，西方列强们都坐不住了，纷纷趁火打劫，利用英国侵华之机，来华谋求自身的利益。

1844年，美国总统任命众议院外交委员会委员凯莱布顾盛（Caleb Cushing）为"特命全权公使"，步英国的后尘，来华威逼清政府签订不平等条约，攫取与英国同等的侵略权益。

1844年2月，顾盛带领4艘兵船抵达澳门，照会两广总督程矞采，要求进京面呈美国总统写给道光的函件。同时，声明除钦差大臣外，不与其他官员谈判，拒绝承认程矞采为交涉对象。甚至公开声称，拒绝接受来使是"对国家的一种侮辱和战争的正当理由"。但是，顾盛等了两个月也没有得到答复。4月13日，顾盛派遣军舰开进虎门，直驶黄埔，以武力相挟。

此时，已如惊弓之鸟的清朝政府急忙命令耆英为钦差大臣，与顾盛在澳门谈判。继《南京条约》之后，耆英再次显示出对国际事务的无知，为了维护清王朝的旧制，对外采取了"一视同仁"的投降外交政策，最终以《南京条约》为蓝本，在澳门望厦村的观音庙，签订了中美间第一个不平等条约——《五口贸易章程：海关税则》，即《望厦条约》。条约中，凡是英国人用武力获得的各种特权，美国人也同样享有，另外，还增加了"设立教堂"一款。因此顾盛在向美国政府的报告中，不无得意地宣称："现在英国和其他国家也必须感谢美国，因为我们将这个门户开放得更宽阔。"

接着，这个令亲者痛、仇者快的事情，便一而再再而三地重复上演。

《望厦条约》签订之后，法国人也大摇大摆地来了。10月24日，法国公使剌勒尼与耆英在停泊于黄埔岛海面的法国军舰"阿吉默特"号上，签订了中法第一个不平等条约——《黄埔条约》。"墙倒众人推，破鼓万人捶"，继《南京条约》《望厦条约》《黄埔条约》之后，葡萄牙政府看清了局势，更加轻视清廷，1849年3月5日，葡萄牙驱逐中国在澳门的官吏，停付租金，公然强占了澳门。①

1843年11月初，英国领事来到上海开辟租界。随后，美国、法国等国也纷纷在上海置地造屋，划地为界。继上海之后，广州、厦门等通商口岸相继设立租界，中国出现了一批半殖民地性质的城市。

鸦片战争耗费了清政府庞大的开支，向英国赔偿白银2100万两，相当于当时清政府年财政收入的40%。虽然规定在4年中分7次偿清，但是，清政府每年偿付的赔款额仍占到岁入的10%

---

① 明朝嘉靖年间，葡萄牙人用每年1000两的"地租"私占了澳门。清朝之后，照旧收取葡萄牙1000两地租，康熙三十年（1691），地租减为600两，后再减为500两。但是，明清两朝均不曾割让澳门给葡萄牙。

左右。

在承受着巨大损失的同时，中国的社会性质也开始发生根本的变化。由于主权的丧失、领土的割裂，一个在政治上独立自主的国家不复存在了，沦落成了一个半独立半殖民地的二流国家。生活在这片土地上的人民也不得不跟着无能的清政府一起饱受西方殖民者的盘剥。

从道光二十年（1840）开始，外国侵略者在厦门、广州、上海等地猖狂地掠卖华工。这种交易被称为"苦力贸易"，他们首先将大批中国人关押在"奴隶收容所"，胸前打上印记，然后装进运往世界各地的英国和美国船只中，航程中华工的死亡比例有时超过1/3。对此，美国作家麦克纳尔称其"条件之恶劣有如置身在古代非洲的奴隶船上"。

鸦片战争后，英国认为打开了中国的大门，就打开了中国的消费市场。随后，一批批不符合中国国情的商品如睡衣、钢琴、西餐餐具等进入中国。当时，中国的自然经济虽然日趋瓦解，但是农业经济仍为主流，百姓过的是自给自足的生活，民众手中根本就没有可以购买洋货的余钱，洋货市场不过是子虚乌有的一厢情愿。因此，鸦片继续成为外国侵略者掠夺中国经济利益的主要手段。鸦片战争以前，倾销到中国的鸦片最多时达到2万箱，而《南京条约》签订后，一年输入中国的鸦片就达到了36700箱。

西方列强对中国的侵略和压榨，进一步加深和激化了社会矛盾，也加剧了陷入水深火热之中的人民对腐败无能的清政府的愤恨。1840年到1850年，为了反抗清朝统治、抗击入侵的西方列强，每年都要爆发数起农民起义。

道光三十年（1850）正月十四日，道光病逝，终年69岁，葬于慕陵（今河北易县永宁山），庙号"宣宗"。作为清朝的第8位皇帝，道光在位30年，前20年他继承嘉庆的遗志，勤政图治，克勤克俭。道光也曾戡定西陲，治理黄河、漕运，严禁鸦片流毒，算是有些政绩。但是，作为一代君主和鸦片战争的头号当事人，道光却是清朝有史以来最为庸暗的一个皇帝，其平庸的当政时期也成了后世无法回避的中国历史的"分水岭"。

> 手握乾坤杀伐权，斩邪留正解民悬。
>
> 眼通西北江山外，声振东南日月边。
>
> 展爪似嫌云路小，腾身何怕汉程偏。
>
> 风雷鼓舞三千浪，易象飞龙定在天。
>
> ——〔清〕洪秀全《述志诗》

内忧外患咸丰朝

1850年，19岁的皇四子爱新觉罗·奕詝（1831—1861）即位，第二年改年号为"咸丰"。

咸丰在位11年，内忧外患，战乱频繁，几乎没有一天安宁的日子，最后还死在出奔逃避之中。

1851年（咸丰元年），刚刚坐上皇帝宝座的咸丰，就遇到了挑战。挑战者非王公贵戚，而是农民家庭出身的洪秀全（1814—1864）。

洪秀全原名仁坤，小名火秀，广东花县人。父亲洪镜扬，是邻近诸村的保正，家里薄有田产，社会地位和经济条件在当地算是好的。洪秀全有两个哥哥，他是小儿子，7岁入本地私塾读书，13岁考上童生，是洪家唯一读书求功名的，在家中很是受宠。但是，此后17年中4次赴广州应试，均落第，一直没考上生员（秀才)。18岁起,洪秀全受聘于"坐馆"成为当地塾师,教小孩识字和学习,虽然不是固定职业,收入也比普通农民好不了多少,却稍有些身份。

1837年,一向自视极高、背负族人期望的洪秀全第3次落榜,精神受到很大打击。回到家里,大病一场,据说"死去七日(一说两日)",还魂后"俱讲天话"。道光二十二年(1842),他第4次应考,一起落榜的书友(一说又是表弟)冯云山出于对考试的极端不满,又从星相术角度看出洪"多异相""有王者风",便极力鼓动洪秀全造反。冯的劝说正符合他此前大病中的梦幻,于是,洪秀全断了科举仕进的念头,决心造反,将名字从洪仁坤改为洪秀全。这名字改得很是费了一番心思的,"秀全"二字拆开,意思是"禾(吾)乃人王"。

1844年,冯云山和洪秀全开始信仰基督教,二人"出游天下,将此情教导世人",逢人传教,自行洗礼。洪秀全回家后,将基督教教义和儒家学说结合起来,编写成通晓易懂的诗文,如《原道救世歌》《原道醒世训》等鼓动檄文,教化民众。冯云山则一人深入广西贵平的紫荆山,在紫荆山组织了"拜上帝会"。

1847年,洪秀全来到紫荆山与冯云山相聚,被冯云山奉为"拜上帝会"的教主。1848年,洪秀全编写《太平天日》,开始自称"天王大道君王全",宣扬"天下一家,共享太平",上帝为"天下凡间大共之父",人人是"天生天养",凡拜上帝的人"日日有衣有食,无灾无难"。他声称与上帝对立的是害人的阎罗妖头,凡供奉阎罗妖和神佛的皇帝、官吏、地主等一切民贼,也都是"妖",号召人们"共击灭之"。

当时,西方列强不断入侵,清朝政府的无能让百姓极其不满,政府威信扫地;鸦片大批输入中国,导致每年白银外流达两三千万两,造成银价高涨,加剧了民众的生活负担;天灾流行,饥馑遍地,民不聊生。"拜上帝会"的出现,让生活无所依靠的民众似乎看到了生存的希望。

1850年,"拜上帝会"组织已经发展成型。组成了一个以上帝为首的神圣家族——耶稣由上帝的独子变为长子,长子以下,又有次子洪秀全及冯云山、杨秀清、韦昌辉、石达开几个儿子和"帝婿"萧朝贵。"拜上帝会"渐渐聚集会众达万余人。其成员主要是农民、矿工、手工业者和无业游民,也有部分中小地主及富户入教。

1849年前后,广西连年天灾,怨声载道。1850年7月,洪秀全乘机发布总动员令,把各地会众聚集在广西桂平的金田村,以团营编伍,实行男女别营,进行军事训练,建立了农民武装,准备武装起义。到11月,会众已达2万多人。

拜上帝会的聚众行动引来了驻地清军的镇压,也引起清朝廷的重视。咸丰派出林则徐前往广西征剿。此时的林则徐已年老,1850年11月,在赴广西的途中病逝在广东普宁。随后,清朝廷再命云贵总督李星源为钦差大臣赴广西,主持军务。经过两次激战,清军大败。

1851年1月11日，群情激昂的拜上帝会众在金田村祭起了起义大旗，建号"太平天国"。太平军"蓄发易服，头包红布"，拉开了太平天国农民运动的序幕。

3月，咸丰刚刚即位，太平军就迈开转战步伐至广西武宣县东乡。5月，清朝廷的钦差大臣李星源病逝，清廷派出首席军机大臣赛尚阿为钦差大臣，调集3万兵力前往广西。9月，太平军突破清军封锁，攻克永安州（今蒙山）。太平军的队伍日渐壮大，在吸纳各阶层民众的同时，也吸引了天地会等民间组织的加盟。

攻克永安之后，太平军在永安休整了半年。其间，洪秀全自封"天王"，封王建制，颁布了封王令。封杨秀清为东王，萧朝贵为西王，冯云山为南王，韦昌辉为北王，石达开为翼王。规定东王节制西王以下诸王，杨秀清成为统管军政大权的人物。洪秀全还为太平军制定了严明的纪律。

与此同时，清军分南北两路围困永安，太平军粮草殆尽，孤城难守。1852年4月5日，太平军乘夜色突围北上，向桂林进攻。但是，太平军攻桂林一个月未果，只好北出湖南。6月3日，太平军攻占全州，南王冯云山中炮去世。之后，太平军入湖南，克道州（今道县），占郴州。湖南群众约5万人踊跃参加太平军，充实了太平军的实力。9月，太平军进攻长沙，西王萧朝贵中炮去世，长沙未克。11月，太平军撤出长沙，出洞庭、入长江。1853年1月，攻占武昌，这是太平军攻克的第一座省城。在武昌稍事调整之后，2月，洪秀全决定放弃武昌，率军继续沿江东下，连克江西九江、安徽安庆、芜湖等地，兵锋直逼南京城下。

1853年3月20日，太平军一鼓作气攻下南京，两江总督陆建瀛、江宁将军祥厚战死。洪秀全等人随即决定定都南京，改称"天京"，正式建立反清农民政权。

至此，太平天国历经两年多的征战，从广西到江苏，席卷清朝半壁江山，截断清朝漕运，控制了中国的东南要地，队伍也由最初的万余人发展到20余万人。

为了加强政权建设，太平天国设置了中央、省、郡、县四级行政机构；中央设有吏、户、礼、兵、刑、工六部，洪秀全的天王府是最高统治机构；杨秀清的东王府起上传下达的作用，直接掌握着太平天国的军政实权。

支撑太平天国政权的基础是农民，而农民赖以生活的基础是土地。为了稳定农民阶级力量，1853年秋天，洪秀全颁布了《天朝田亩制度》，提出"凡天下田天下人同耕，此处不足则迁彼处"，根据新的原则对所得土地重新分配。希望实现"有田同耕，有饭同食"的理想社会。但是，平分土地方案并没有得到充分实施，由于天京缺粮，形势紧迫，不得不暂时"照旧交粮纳税"，以解粮荒。此外，太平天国还对城市管理、应试制度以及商业、手工业等制定了一系列新政策，并改革了旧历法。

太平天国建都天京后，英、法、美三国公使先后到天京访问，并要挟太平天国承认他们与清政府订立的不平等条约。外国入侵者的讹诈，遭到太平天国政权的拒绝。太平天国对外宣布了"万国皆通商","害人之物(指鸦片)为禁","通商者务要凛遵天令"等对外政策。对于擅自闯进境内的外国兵舰立即开炮轰击,对走私贸易的商船加以制裁。

在社会政策上,太平天国主张男女平等,禁止娼妓、缠足,实行一夫一妻制。但是,洪秀全本人却不受限制,各位王侯将帅也是妻妾成群。实际上,洪秀全还未公开造反时,就有妻妾多人。到占领永安县城时,已有妻妾36人;进南京后,每过生日,贴身侍卫蒙得恩就要为他献上美女6人;每年春暖花开之际,蒙得恩还在天京13道城门口为洪秀全选美女。甚至干脆明文规定,"所有少妇美女俱备天王选用"。

到太平军败亡时,天王妻妾已达88人(一说108人)。因妻妾太多,洪秀全连姓名都记不住,干脆一概编号,还亲自写了几百首管教妻妾的《天父诗》,叫她们背诵。

在建设政权的同时,太平天国继续北伐、西征,欲夺取全国政权。

1853年5月8日,北伐军近2万人在林凤祥、李开芳等率领下,自扬州出发,经安徽、河南,迂回到山西境内,东向折回河南,再进入直隶省,连克数十城。10月,前锋逼近北京。清廷大为震惊,派遣科尔沁郡王僧格林沁等人率领清军反击,阻止了太平军北进的步伐。1854年5月,北伐军粮尽,退守直隶东光县连镇,此后因突围不成,而又未能与援军会合,于次年5月全军覆没。北伐的失败,使太平天国失去了攻取北京的机会。

但是,西征却取得了辉煌战绩。1853年6月,胡以晃、赖汉英率领5万太平军西征,先夺取安庆、九江、武昌和安徽、江西两省后,一路顺畅,三克汉口、汉阳,再克武昌,最盛时曾深入湖北宜昌、湖南长沙附近。

此时,清朝廷曾经倚重的八旗兵早已丧失往日雄风,绿营汉军也被腐败之风侵蚀,战斗力低下。清政府不得不命令各地官绅组织地方武装("团练")加入镇压太平军的队伍,曾国藩(1811—1872)的湘军由此异军突起。

1854年6月,面对太平天国西征军的攻势,湘军首次迎战,兵败靖港。但是,不久又扭转了战局,大胜湘潭,攻占岳州武汉三镇,沿江东下,迫使太平天国西征军退出湖北广济、黄梅。1855年年初,太平军将领石达开、罗大纲率军驰援,反败为胜,稳定了局势。1856年6月,太平军从江西抽调兵力回师,破清营70余座,瓦解了由钦差大臣向荣长率领的围攻天京城的江南大营,威胁天京三年之久的军事压力彻底解除。

经过三年的军事扩张,太平天国统辖区域扩至皖、赣大片土地和湘、苏部分地区,辖内的州、县群众争相归附,太平天国统治达到高潮。

太平天国起义后,各地民众纷纷响应,北方的捻军、两广的天地会、东南的小刀会也相继起义。动乱的局势使得清政府财政困顿、货币危机加剧。为了筹措军费,清廷采取增收赋税,开征厘金①、开捐、开借以至卖官鬻爵等办法搜刮民财。1853年（咸丰三年），清朝政府铸造发行"大钱"（铸成"当十"和"当五十""当百"，甚至"当千"的铜钱）代替"制钱"②。同时，发行不可兑换的官制银票，致使通货膨胀愈演愈烈，物价飞涨，民怨鼎沸。

在内乱此起彼伏之时，清朝的海关主权也沦丧到了侵略者手中。

第一次鸦片战争后，《南京条约》中关于"协定关税"的条款使中国丧失了关税自主权；而《五口通商章程》中规定的额度又使中国丧失了对外贸易的自主权。但是，海关的行政管理权尚且掌握在清朝手中。1853年9月，上海小刀会起义，占领了上海县城，海关道员吴健彰逃入租界，海关行政陷入瘫痪。美、英两国领事借机谋占上海海关，自行宣布上海海关临时管理办法，并由美、英代替中国向外商征收关税，明目张胆地侵犯中国的主权。

后来，吴健彰先后设立了两个临时海关办事处，都因被外国领事干涉而无法正常行使权力，以致外国商人在上海港不缴纳任何税金就可随便进出口货物，上海港成了自由港。

迫于列强的淫威，清朝廷同意了英、法、美三国领事提出的

---

① 凡商民贩运、买卖货物，按其货价，值百抽一，即为一厘，故名"厘金"。

② 制钱指明清两代，按照本朝定制的由官炉所铸的铜钱，以区别于前朝旧钱和本朝的私炉钱。制钱有一面铸文字，所以称钱一枚为一"文"。这一称呼从南北朝时期开始，典型的代表就是成语"分文不取""一文不值"。

方案：由英、美、法三国联合成立"管理委员会"管理上海海关，代替清政府征收海关关税。1854年7月12日，三国领事提名威妥玛（英）、卡尔（美）和史密斯（法）三人组成"江海关税务管理委员会"，上海海关的行政大权从此落入外国人手中。1859年，英国人李泰国出任上海海关税务长。

手持三尺定山河，四海为家共饮和。

擒尽妖邪归地网，收残奸究落天罗。

东西南北敦皇极，日月星辰奏凯歌。

虎啸龙吟光世界，太平一统乐如何。

——洪秀全《吟剑诗》

太平天国运动失败

定都天京后，洪秀全抛弃了起义初期"敝衣草履，徒步相从"的简朴生活作风，过上了豪华奢侈的日子，大兴土木扩建南京城内原两江总督的衙门，建造"雕琢精巧，金碧辉煌"的天王府。在享受皇帝待遇的同时，洪秀全深居简出，沉迷于宗教神学，作书著述，不问政事，故作神秘，一切军政事务均由杨秀清全权处理。

长期以来，杨秀清独掌大权，节制各王，常常打击韦昌辉、石达开、陈承镕等起义首领。太平军一路凯歌，自恃功高的杨秀清渐渐不满足于自己的地位，开始觊觎最高领导权，而洪秀全也早就意识到了杨秀清的威胁。

回首太平天国创立之初，1848年4月，冯云山在广东被捕，洪秀全离开广西赴粤营救。群龙无首的广西会众思想波动，几至分裂。杨秀清和萧朝贵乘机站出来，声称"神灵附体"，自称代"天父""天兄"传言，以安抚会众，从而巩固了拜上帝会，并使会众激增到万余人。洪秀全回到广西后，默认了杨秀清的做法，从此，杨秀清在拜上帝会内部取得了代上帝传言的特殊地位。

1856年8月，太平军攻破清军江南大营后，杨秀清为了进一步扩大个人权势，再度伪称"天父（附体）下凡"，逼迫洪秀全封自己为"天父万岁"。一直自封为天父次子的洪秀全不能容忍杨秀清抢夺自己的权势，但是又不便戳穿谎言。于是，洪秀全表面上答应杨秀清的要求，暗地里秘密下诏诛杀杨秀清。

9月1日，驻扎在江西的北王韦昌辉得到密诏，率心腹3000兵力赶回天京，扑杀东王杨秀清及其眷属。第二天，洪秀全下诏鞭刑韦昌辉，惩戒他杀人过多。而韦昌辉又利用杨秀清的部将茫然观望之机，暗中部署伏兵，痛下狠手、斩草除根，大肆屠杀东王府内所有兵眷2万多人。9月中旬，石达开从湖北战场赶回天京，怒斥韦昌辉滥杀无辜，双方发生冲突，韦昌辉又要杀石达开。石达开被迫连夜逃走，但是，一家老小数十口全部被杀。

韦昌辉的"勤王"暴行激起天京官兵和民众的愤怒，政局为之动荡。为了稳定局势，洪秀全决定卸磨杀驴，抛弃韦昌辉，号召天京军民讨伐韦昌辉，围攻北王府，杀了韦昌辉。镇压韦昌辉之后，洪秀全任命石达开接手杨秀清的职权。但是，经历杨秀清逼封和韦昌辉暴乱之后，洪秀全对外姓重臣已不信任。因此，封兄长洪仁发和洪仁达为安王、福王，主持政务，对石达开则处处猜忌，时时监视，迫使石达开再次出走。

1857年6月，石达开率精兵良将20万脱离洪秀全，自谋出路而去，太平天国出现分裂局势。

此后6年里，石达开转战各地。但是，因孤军出征，缺乏粮草、武器供给，战斗力日渐削弱。1863年5月，在四川大渡河，石达开陷入清军的包围，当时仅剩3万兵力，屡次突围失利，伤亡惨重，兵力锐减，只剩7000余人。英雄末路，石达开幻想舍身成仁、保全部下，相信了清军的欺骗承诺，自动受俘，结果全军尽被屠杀。6月27日，石达开被押到成都处死，时年32岁。

天京事变之后，太平天国元气大伤，清军抓住机会大举进攻。1856年12月，湘军先后占领武昌、汉阳等重镇。1858年5月，九江陷落，清军重建围困天京的江北、江南大营，天京上游的重镇除安庆外，全被清军占领。12月，攻陷镇江，兵临天京。重压之下，洪秀全被迫罢免无能的安王、福王，启用年轻人组成新的领导核心。提拔20岁的陈玉成为前军主将、33岁的李秀成为后军主将、22岁的李世贤为左军主将、30岁的韦俊为右军主将。1858年9月，陈玉成、李秀成指挥太平军发动浦口战役，攻破清军江北大营，打通天京北岸交通。11月，李秀成挥师西进，在庐州（今安徽合肥）三河镇歼灭湘军6000精锐，湘军悍将李续宾自杀。太平军乘胜收复了皖北、皖南和赣北的许多失地，打垮清军江南大营。两大清营解体，天京解围。随后，太平军乘势直追，克复常州、苏州和浙江嘉兴，开辟了苏南根据地。

1859年4月，洪秀全的族弟洪仁玕来到天京。洪仁玕早期接受洪秀全的洗礼，1853年到香港在外国传教士处教书并学习天文、历数，研究外国的政治、经济和社会政策。他的到来令洪秀全惊喜不已，当即封洪仁玕为"开朝精忠军师，顶天扶朝纲干王"，命他总理朝政，希望借助洪仁玕的力量，重振太平天国的威风。

洪仁玕上任后提出了具有资本主义色彩的《资政新篇》，希望通过《资政新篇》的颁布与实施，重整朝纲。洪秀全照单全收，将其作为天法颁布。《资政新篇》主张学习先进技术和科学文化，以促进社会发展，是一个依照资本主义社会性质制定的改革方案。但是，对于支撑太平天国政权的农民来说，《资政新篇》显得莫名其妙，因没有反映出农民的要求而难以实行。洪仁玕的主张对太平天国来说完全不切实际。

1860年11月，太平军又相继攻克苏、杭，占有苏南和浙江的大部分州县，暂时稳定了战局。

同年8月，清朝廷决定重用曾国藩，任命其为两江总督、钦差大臣。曾国藩随即调兵遣将，集中水陆大军8万余人，令弟弟曾国荃率湘军主力，进攻天京的屏障安庆。

此时，陈玉成、李秀成兵分两路西征，计划次年三四月会师武昌，以解安庆之围。途中，陈玉成的部队曾试图解安庆之围，但屡战失利，1861年转入湖北，逼近武昌。5月，李秀成的前锋也逼近武昌，英国驻汉口领事以保护武汉的商务为由，阻止太平军进攻，迫使李秀成放弃武汉，率军由江西进取浙江。

而曾国藩的湘军却咬住安庆不放。9月，湘军攻占安庆，天京的上游屏障洞开。此后，皖北的桐城、皖南的池州等地失陷。安庆失陷时，陈玉成①的家眷全部罹难，所部精锐损失惨重。不久，他又受到洪秀全"革黜"的处分，心情十分沉重，处境非常艰难，转移到庐州，试图待机重振。1862年，陈玉成在河南寿州被地方团练诈降诱捕，押送至延津的钦差大臣胜保兵营处死，年仅25岁。

当陈玉成与湘军主力争夺安庆时，李秀成与李世贤控制了浙江大部分地区，与苏南根据地连成一片。1862年1月至5月间，李秀成先后两次率军进攻上海。1862年春，曾国藩命门生李鸿章（1823—1901）回合肥募兵，仿湘军体制建立淮军，增援上海。这时，李秀成不仅遇到淮军的阻击，也遭到了英法入侵者的反扑。

最初，外国侵略者对清廷与太平天国之间的征战保持中立的态度。但是，第二次鸦片战争订立《天津条约》《北京条约》之后，外国侵略者为了获得条约中的既得利益，决定与清政府联手

---

① 陈玉成（1837—1862），原名丕成，广西藤县（一说桂平）人，出身于贫苦农民家庭，自幼失去父母，由祖父母抚养长大。1850年秋，洪秀全号令"团营"，年仅13岁的陈玉成，随叔父陈承镕参加金田起义，当上了一名童子兵，给太平军著名战将罗大纲当"近侍"。1859年，陈玉成因连年战功卓著，晋封英王，时年22岁。陈玉成一生作战勇敢，临危争先，屡建奇功，为敌人所畏惧，曾国藩说他是"自汉唐以来之悍者"，胡林翼说他"近世罕有其匹"。

对付太平军。为了保住政权，清廷也决定向外国侵略者妥协，全力对付太平天国。

1862年，曾国藩兵分三路进攻太平军。曾国荃的湘军主力围攻天京；左宗棠（1812—1885）率一路湘军进攻浙江；李鸿章率淮军进攻苏南。同时，左、李两路军又分别与英法助战部队混合成"安乐军""常胜军"。

1862年春，太平军从太仓、嘉定、南翔、奉贤、青浦、宝山一路迎击外国侵略军。在奉贤南桥镇击毙法国海军军官卜罗德；在青浦擒"常胜军"副领队法尔思德；将英国军官史迪佛里指挥的英、法侵略军围在嘉定城，侵略军焚城而逃。但是，这些战绩并未挽回太平军失利的局势，苏南和浙江的根据地不久后便丢失了。

1862年5月，曾国荃的湘军进驻雨花台，兵临天京城下。天京告急，洪秀全一日三诏，令李秀成回援，同时调回在浙江汤溪抗击左宗棠湘军的李世贤。李秀成率20多万大军兵分三路回援，却解不了天京之围。天京形势日趋恶化，城内的粮食日竭，太平天国控制的地盘逐渐缩小。李秀成主张保存实力，提出"让城别走"，到其他地方建立根据地，遭到洪秀全的否决。1864年6月1日，洪秀全病逝于天京。

随后，洪秀全的儿子——16岁的洪天贵福即位，但是，太平天国大势已去。7月19日，湘军攻陷天京城，李秀成掩护洪天贵福成功逃脱，自己被俘牺牲。幼天王洪天贵福转道浙江湖州，投奔堵王黄文金及杨辅清等，继续战斗。10月，洪仁玕、洪仁政、黄文金和洪天贵福在江西石城被俘，11月在南昌被杀。至此，轰轰烈烈、波及18个省、历经14年的太平天国运动彻底失败。

愁看贼火起诸烽，

偷得馀程怅望中。

一国半为亡国烬，

数城俱作古城空。

——〔唐〕裴说《乱中偷路入故乡》

第二次鸦片战争

1856 年，清政府正忙于镇压太平天国，英、法两国则再次对华宣战，悍然发动新的侵华战争。这场战争实质上是第一次鸦片战争的继续和扩大，因而史称"第二次鸦片战争"。

战争的起因要从英国人要求进入广州城和修改条约说起。

《南京条约》签订之后，英国人根据开放五港的条款，很快进入了上海、福州、厦门和宁波，但是却迟迟无法进入广州。因为鸦片战争期间，广州民众对英国侵略者深恶痛绝，民众的抗英情绪依然高昂，第一次鸦片战争结束后，广州人民依旧拼死抵抗英国人的进入。两广总督兼五口通商事务钦差大臣叶名琛也拒不履行条约，多次抵制英国公使提出的进入广州的要求，清朝廷默认了叶名琛的做法。英国人无奈只能在城外居住、贸易，英国政府对此耿耿于怀。

另外，中美和中法签订的《望厦条约》《黄埔条约》均有"12 年以后修订"这一条，而中英签订的《南京条约》则是"万年和约"。

1853年，《南京条约》签订第11年之时，为了扩大在中国的权益，英国向清朝政府提出：既然美、法两国可以在12年到期之时修改条约，那么，英国也应该有同等待遇，届时"修约"。随后，英国便自说自话地在《南京条约》的基础上提出"修约"要求：开放中国所有城市和港口；洋人可以自由到内地各城市游历、传教、做生意，鸦片贸易合法化；废除进出口货的内地税；允许外国使节常驻北京等要求。

这一修约要求得到美、法两国的附和，遭到清朝政府的拒绝。而志在必得的英国再次决定诉诸武力以强迫清政府就范。于是，英国蓄意制造了一起"亚罗号"事件。

1856年10月，广东水师在黄埔港拘押了一艘"亚罗号"走私船，逮捕了船上2名海盗和10名水手。英国驻广州领事巴夏礼借机向中方声言——"亚罗号"是英国船，要求释放所有被捕的海盗和水手，并捏造说中国水师曾扯下了英国的国旗。其实，"亚罗号"的船主是中国人，只是该船在香港注册过，而且注册期限已过。就是这样一件事，便成了英国政府发动战争的借口。10月23日，英军突袭广州，被清军击退。

1857年2月，远在伦敦的英国首相巴麦尊在得知"亚罗号"事件后，主张再次发动对华战争，遭到一些议员的反对，巴麦尊竟然解散了下议院。议院重新改选，巴麦尊派获得多数议席。就这样，巴麦尊强行通过了扩大侵华战争的提案。3月，英国政府任命额尔金为全权专使，率领一支海陆军开赴中国。同时，建议法国政府共同行动。

在"亚罗号"事件之前，1856年3月，广西发生了"马神甫事件"。法国天主教神父马赖在广西玉林以传教为名胡作非为，被知县处死。随后法国打起"保护圣教"的旗号派遣葛罗为全权专使，率领一支侵略军，继英军之后来到中国。

1857年12月7日，英法联军纠集五六千人、军舰20余艘，攻打广州。此时的清政府正全力镇压太平天国和捻军起义，对此事没有给予足够的重视。12月29日，广州城陷落，两广总督叶名琛兵败被俘后被转送到印度加尔各答，1859年绝食而死。

美国和俄国为了参与分赃也派遣公使列威廉和普提雅廷于1858年3月赶到中国，与英、法策划"联合行动"。

英、法侵略军攻占广州后，分出小部分兵力留守，其余兵力乘军舰北犯。1858年4月，英法联军及英、法、美、俄四国公使，抵达天津大沽口外，要求"修约"。5月20日，侵略军闯进大沽口，炮轰大沽炮台。尽管驻守炮台的官兵奋起抵抗，但是双方炮战仅用两小时，大沽炮台就失陷。大沽口是天津的门户，而天津又是北京的门户，接着，侵略军扬言要进攻北京。清政府见状决定妥协，急忙派遣全权大臣桂良和花沙纳赶往天津与四国公使谈判，6月，签订了中英、中法、中俄、中美《天津条约》。

《天津条约》的主要内容是：各国公使常驻北京；扩大领事裁判权；增开营口、烟台、台南、淡水、汕头、琼州、汉口、九江、南京、镇江等10处通商口岸；外国人可入中国内地游历、通商、传教；外国商船可在长江自由航行；鸦片贸易合法化；分别向英、法赔款白银400万两、200万两。

《天津条约》签订之后，英、法撤退军队。然而，清朝廷对条约中涉及的"公使驻京"及"长江通商"这两条约定耿耿于怀。特别是"公使驻京"这一条，让大清皇帝尤其不能接受。茫然于国际上互派使节通例的咸丰，满脑子都是"华夷之辨"的观念，在他看来，让外国夷狄与自己同住一城，有损于"天朝"大国的尊严。为此，咸丰决定，只要英、法放弃"公使驻京"及"长江开通商口岸"这两条，清朝政府愿意今后完全不收海关税。

随后，咸丰派桂良和花沙纳到上海要求改约。但是，英、法公使拒不让步，而且要求第二年在北京交换条约。10月，中英、中美又在上海签订《通商单程善后条约》，规定减少关税，即外货入内地只准征收25%的子口税[①]；贸易合法化。

[①] 子口税亦称"子口半税"，近代中国对洋商征收的一种内地关税。"子口"是相对于"母口"而言的。"母口"是海关所在口岸，"子口"是内地常关、厘卡所在地。1858年《中英天津条约》规定英商运入中国的货物，或从中国运出的土货，除纳一次5%的进出口关税外，在内地只需于所经第一关（常关）缴纳2.5%的子口税，即可畅通全国，不另缴税。以后，其他外国商人也同样享受该项优待，致使中国工商业者与外国商人的竞争条件进一步恶化。1929年改为关税附加。1931年，施行关税新税则，子口税及其他通过税一并裁撤。

清廷没有达到改约目的，又要求英、法、美必须按清廷指定的路线，即由北塘登陆，经天津前往北京；并对随行人员数目及其他到京的事宜做了详细规定。一切似乎安排妥当之后，清廷又派出勇将僧格林沁在大沽口严加布防。

然而，已经习惯在中国我行我素的英、法代表们根本无视清廷的要求。1859年6月20日，英、法、美三国公使各率舰队抵达大沽口，只有美舰遵嘱改道而行。英、法联军则执意要从大沽口登岸，因此，僧格林沁下令开炮，击沉敌舰4艘，打死打伤478人，英军舰队司令何伯受伤，英法联军战败。

随后，英、法两国调集兵力陆续开赴中国，而清朝廷却没有做出相应的战事部署。

1860年7月，经过积极准备的英、法两国，调集了2.5万人，乘200多艘舰船先后抵达中国，占领舟山，进犯烟台和大连之后，闯到大沽口外。僧格林沁兵力不支，天津失守。咸丰不得不再派桂良和直隶总督恒福赴天津与联军谈判，未果，联军直向北京推进。咸丰改派怡亲王载垣为钦差大臣，在通州与联军交涉。在谈妥条件准备签字之前，英使代表巴夏礼又提出：英、法使节向清朝皇帝当面递交国书，而且立而不跪。这一要求对清廷来说完全是一种有失"国体"的大事，谈判破裂，巴夏礼等39名英法代表被清军拘留，战事再起。

9月21日，联军突袭通州入北京城的咽喉要地八里桥，攻陷北京的门户通州，逼近北京。大敌当前之时，咸丰惊慌失措，于是，在军机大臣、御前大臣、内务府大臣等权贵们的簇拥下，咸丰带上皇妃逃到热河。5位军机大臣中的4位都逃离北京，只有文祥因上书反对撤离而被留在北京，与恭亲王奕䜣一起处理和谈事宜。

英、法侵略军随后直入北京，闯入位于北京西郊的圆明园大肆掠夺。10月18日，侵略者烧毁圆明园，这座历经雍正、乾隆、嘉庆、道光四朝，耗银2亿两之多，综合了中外建筑精华，藏有各种无价珍宝、稀世典籍和珍贵历史文物的伟大建筑在六七天的时间里化为废墟。

在侵略军武力逼迫下，清政府屈服了。10月23日，奕䜣与英、法代表交换了《天津条约》批准书，签订了中英、中法《北京条约》。条约规定：除承认《天津条约》有效之外，还增加天津为商埠；华工出国合法化；将九龙割让给英国；赔偿英法军费各88万两白银，恤银英国50万两、法国20万两。美国也根据"一体均沾"的条款分享各项特权。

在英、法、美三国对中国大肆掠夺之时，沙俄也趁机侵吞了大片的中国领土。

1858年5月22日，即英、法侵略军攻占大沽炮台的第三天，俄国西伯利亚总督穆拉维约夫率兵直趋瑷珲城，武力要挟重新划定两国边界。28日，清政府黑龙江将军奕山被迫签订《瑷珲条约》，又称《中俄条约》。将黑龙江以北，外兴安岭以南的60多万平方公里的中国领土划给俄国，并把乌苏里江以东的40万平方公里的中国领土改为中俄共管。

1860年11月14日,沙俄利用英、法侵略军攻占北京之机,对清政府威逼利诱,迫使恭亲王与俄国签订了《中俄北京条约》,将乌苏里江以东,包括库页岛在内40多万平方公里的中国领土割让给俄国。就这样,俄国不费一兵一卒,轻易吞食了中国的大片领土,成为第二次鸦片战争中最大的赢家。

第二次鸦片战争之后,清政府明白了"天朝尊严"已经守不住,各国公使将合法进驻北京。而这时,清政府在中央还没有设立一个专门办理外交事务的机构。第一次鸦片战争后,清廷被迫开放通商口岸,为了应付对外交涉,设置了"五口通商大臣"一职,由两江总督或两广总督兼任。第二次鸦片战争之后,清政府与各国的外交事务才进入常规化。

1861年1月,咸丰批准了恭亲王奕訢等人的奏请,在中央成立总理各国事务衙门(简称总理衙门、"总署"或"译署")。总理衙门的组织体制"一切均仿照军机处办理"。恭亲王奕訢、大学士桂良、户部左侍郎文祥,充任总理大臣。

庭草根自浅，

造化无遗功。

低回一寸心，

不敢怨春风。

——〔唐〕曹邺《庭草》

辛酉政变

多灾多难的政局使懦弱无能的咸丰心灰意懒。逃至热河后，咸丰置江山社稷于不顾，躲在避暑山庄里沉迷女色，醉心戏曲，贪杯恋盏，吸食鸦片，得过且过。这位病秧子皇帝常年酒色过度，毫无节制，年仅30岁就已经"体多疾，面带黄"。1861年8月22日，咸丰病死于热河，葬于河北遵化昌瑞山定陵，庙号"文宗"。除了声色犬马和丧权辱国的条约外，这个在位11年的窝囊皇帝几乎毫无政绩。咸丰有2个儿子、1个女儿，是清朝有子女皇帝中最少者。

咸丰病危时，召见了怡亲王载垣，郑亲王端华，御前大臣景寿，协办大学士肃顺，军机大臣穆荫、匡源、杜翰、焦祐瀛等大臣，下朱谕：立6岁的皇长子载淳为皇太子；任命上述八位大臣为"赞襄政务王大臣"，总摄朝政；赐皇后钮祜禄氏一方"御赏"

印；赐载淳一方"同道堂"印，载淳的印由生母懿贵妃叶赫那拉氏代管。"御赏"印盖在皇帝谕旨的起首处，"同道堂"印则盖在结尾处。八大臣拟定的任何谕旨，如果没有这两个玺印，就不能生效。

咸丰病逝后，儿童皇帝爱新觉罗·载淳（1856—1875）即位，年号"祺祥"。载淳的生母叶赫那拉氏与钮祜禄氏并尊为皇太后，皇后钮祜禄氏上徽号"慈安"；叶赫那拉氏加"慈禧"徽号，称"慈禧太后"，由于她曾居住在紫禁城西宫，又称西太后。

慈禧（1835—1908），满族人，姓叶赫那拉，系海西女真叶赫部的后裔。慈禧生于官宦之家，16岁时被选为秀女入宫，封兰贵人，1856年，因生下皇子载淳得封"懿妃"，次年升为懿贵妃。

咸丰去世后，年仅26岁的慈禧母以子贵，升为皇太后。然而，以肃顺为首的顾命八大臣掌控着朝中政务，留给两宫太后的政治空间极小，年幼的载淳完全在肃顺等人的控制之中。在慈禧看来，儿子的皇位时刻受到威胁，自己的地位也不稳定。于是，慈禧动了政变的心思。她要夺取最高统治权，掌握皇权，控制局势。

当时，清朝政局有三股政治势力：以八大臣为首的"朝臣势力"，他们主要集中在热河；以留在北京与洋人和谈的恭亲王奕䜣为首的"帝胤势力"，包括奕䜣的4个兄弟和与八大臣政见相左的朝臣，他们主要集中在京城；以慈禧、慈安和太子组成的"帝后势力"。其中，以八大臣为首的"朝臣势力"占有绝对的优势。这八位大臣分别是：

载垣：康熙第十三子怡亲王胤祥五世孙，袭亲王爵。道光时任御前大臣。咸丰即位后渐受重用，历任左宗正、宗令、领侍卫大臣。1860年受命为钦差大臣，与兵部尚书穆荫赴通州与英法联军议和，未果。后随咸丰逃难到承德避暑山庄，资深位重。

端华：清开国元勋舒尔哈齐之子郑亲王济尔哈朗的7世孙。道光年间袭郑亲王爵，诏授总理行营事务大臣及御前大臣。咸丰即位后仍受重用，随咸丰逃往热河（今河北承德）行宫，被任命为领侍卫内大臣。

肃顺：郑亲王之后，端华的胞弟。道光年间，封三等辅国将军。咸丰即位后，因敢言任事，渐受重用，由护军统领、授御前侍卫，逐渐升任左都御史、理藩院尚书、都统，后任御前大臣、内务府大臣、户部尚书、大学士、署领侍卫内大臣。与其兄郑亲王端华及怡亲王载垣相为附和，排斥异己，廷臣侧目。

景寿：御前大臣、恭亲王奕䜣同母妹固伦公主额驸。

穆荫：满洲正白旗人，兵部尚书、军机大臣。1860年与载垣同为钦差大臣赴通州与英法联军代表议和，谈判破裂，改派护驾热河。

匡源：道光进士，礼部尚书，军机大臣，随咸丰逃往热河。

杜翰：咸丰师傅杜受田之子，道光进士，军机大臣。随咸丰逃往热河，后任礼部右侍郎。

焦祐瀛：道光举人，军机章京、军机大臣。咸丰十年（1860）

英法联军攻陷天津后,奉命赴天津、静海办理团练,后回京随咸丰逃往热河,升任太仆寺卿。

慈禧看得明白,仅凭两宫太后与幼皇子的势力无法与八大臣抗衡。于是,她决定与恭亲王奕䜣联手。

奕䜣一直对咸丰即位心存不满。在道光的皇子中,皇四子奕詝和皇六子奕䜣是皇位最有力的争夺者。奕䜣天资聪明,武功奇佳,深得道光的喜爱。不料,奕詝却是最终的赢家。

奕詝的成功大半功劳要归于他的师傅杜受田。奕詝的资质和武功都不如奕䜣,杜受田嘱咐奕詝在道光面前要极力表现得仁厚孝顺。道光生病的时候,奕詝和奕䜣同到病榻前,奕詝遵照师傅的叮嘱,伏地痛哭表示忧虑父皇的病体。皇子们随道光去南苑打猎,皇子们纷纷在父皇面前显露武艺,杜受田却告诫奕詝要按箭不动,随从也不得发一箭。当皇帝责问时,奕詝则声称"此时正值春季,万物繁衍,因此不忍射杀,干预天和"。道光听后大悦。就这样,奕詝以其极端忠厚孝顺的形象打动了道光,赢得了皇位。

咸丰亲政后,迫于太平天国的压力对奕䜣委以重任。奕䜣也在指挥镇压太平天国的北伐军中立下大功。随后,奕䜣因为为已逝生母争取皇太后封号而忤怒咸丰,被罢免了军机大臣等职。

当奕䜣得知咸丰任命的八大辅臣竟然没有自己时,心中的不满再度油然而生,旧怨新恨也都倾注到了八大臣身上。奕䜣到热河赴丧后,与慈禧的政变意图一拍即合,双方决定密谋政变。

慈禧与奕䜣的政变意图也得到了醇郡王奕譞、留京大臣桂良、

183

文祥、宝鋆、贾桢、赵光等人支持。奕𧭚此时为正黄旗汉军都统，掌握着实际的军事权力，而驻扎在京、津一带掌握兵权的兵部侍郎胜保也为政变做好了准备。

1861年11月1日，两宫太后带着载淳先回到北京，即刻召见奕䜣等亲王大臣，安排政变事宜。第二天一早发动政变。大学士贾桢、周祖培，户部尚书沈兆霖，刑部尚书赵光联衔上奏，恳请皇太后亲柄朝政。慈禧随即谕旨解除了肃顺、载垣、端华的一切职务，下令逮捕载垣、端华，醇郡王奕𧭚亲手缉拿正在回京路上的肃顺。

11月3日，慈禧发布上谕，否认咸丰遗诏，下诏历数载垣、端华、肃顺等人的罪状，下令将肃顺斩首。同时，两宫太后任命奕䜣为议政王，领衔军机处和宗人府；桂良、沈兆霖、文祥等五人为军机大臣。几天后，再发布上谕，宣布肃顺、载垣、端华等人筹划乖谬、阻碍回銮、矫旨专擅三大罪状，赐载垣、端华自尽；景寿、匡源、杜翰、焦祐瀛褫职，穆荫遣戍军台。

11月11日，皇帝登基仪式在太和殿举行，宣布废除八大臣原拟的年号"祺祥"，改第二年（1862）为"同治"元年，意喻东、西两宫太后共同治理朝政。12月2日，两宫太后在养心殿举行太后垂帘大典。

其实，慈安太后没有政治野心，加上幼帝不是她的儿子，所以处处让着慈禧。而慈禧却工于心计，善于学习，敢于任事，有着极强的政治野心和权势欲望。因此，名为两宫太后垂帘听政，实际上是慈禧一人独裁。

这年是中国农历的辛酉年,故史称"辛酉政变";因为事发在北京,又称"北京政变"。此后,晚清政治进入了长达48年的慈禧太后时代,而这一时期也被美国人伊罗生称为西方世界对中国的"藐视期(1840—1905)"。

万山不许一溪奔，

拦得溪声日夜喧。

到得前头山脚尽，

堂堂溪水出前村。

——〔宋〕杨万里《桂源铺》

同治中兴

政变之后，政权得以稳定，清朝统治者集团内部的关系协调一致。当时，太平天国、捻军及各地的起义愈演愈烈，迫于形势，慈禧改变咸丰重满臣、疑汉官的政策，大胆起用曾国藩等汉官。1861年11月20日，命曾国藩统辖江苏、安徽、江西、浙江四省军务，并对湘军将领大批晋封。到1864年，曾国藩手下共有21人先后出任总督巡抚。

慈禧对汉官的大幅度放权，很快就得到了回报。1864年，在曾国藩、曾国荃、李鸿章、左宗棠的卖力镇压下，太平天国运动失败，解除了威胁清政权的一大祸患。之后，为了消除清廷统治者的疑虑，曾国藩裁撤湘军，自解兵权。

而李鸿章的淮军已经独立发展起来。当时，捻军起义仍然"有众数十万，马数万"，僧格林沁率领八旗兵征讨多年，屡战屡败。1866年，李鸿章出任钦差大臣，率淮军专办镇压捻军事务。两年后，困扰清朝廷18年，波及皖、鲁、豫、苏、陕等10个省区的捻军起义，彻底失败。李鸿章及其淮军脱颖而出。

平息内乱之后，清廷如释重负。但是，一批有识之士却在西方列强的侵略中开始了反思。他们主张向西方学习先进技术，倡导兴办近代军事工业和民用企业，走"自强""求富"的强国之路，掀起了洋务运动。洋务派的主要代表人物在中央有恭亲王奕䜣、文祥等人，在地方有曾国藩、左宗棠、李鸿章、沈葆桢、张之洞等人。

19世纪60年代初，在议政大臣奕䜣的支持下，清朝拉开了洋务运动的序幕。为了巩固政权，慈禧对这项新政也给予了极大的支持。为此，以革新图强、兴办近代军事工业为主的洋务运动便在全国各地展开。随着洋务运动的开展，全国各地纷纷引入西方科学技术，成立新的军事工业，逐步改进清军的武器装备和作战方法，编练新式海陆军。

总理衙门最初只是一个主持外交与通商事务的部门，随着洋务运动的开展，一切与外国相关以及新兴的事业都由该部统管。例如，修铁路、开矿山、办学校、办工厂、派留学生等事务都是在总理衙门的直接控制下进行的。后来，边疆防务、军事建设、交通等也都归总理衙门兼管。随着权力的逐渐扩大，总理衙门成为清政府的重要决策机构。

曾国藩是洋务运动的发起人之一。他强调"师夷智以造炮制船",1861年,曾国藩在安徽的安庆建立了我国第一座军工厂,即军械所。1862年,该所制造出我国第一台蒸汽机。1865年,我国第一艘轮船——黄鹄号在这里诞生。

李鸿章也是洋务运动的骨干,1863年,他在上海建立了3所洋炮局。1865年,又在上海建立了我国第一座大型现代综合兵工厂——江南制造总局,局内附设翻译馆。

1866年,在法国人的帮助下,左宗棠在福州马尾创办了第一座造船厂,即福州船政局。局内设有船政学堂,培养海军人才;另设"艺圃",培养技工。

此外,在山东、湖南、四川、天津、湖北、广东、吉林、山西、浙江、福建、云南和台湾等省也建立了机器局,仿制西式武器。

洋务运动推动了思想意识的开放,为了拓展国人的见识,奕䜣、文祥等人开始筹划兴办各类学堂,发展"西学"教育。1862年,在奕䜣的督办下,总理衙门在北京设立了同文馆,聘请洋人教授外语,培养翻译人才。1863年,李鸿章在上海仿效同文馆设立了广方言馆。1864年,广州也开设了同文馆。1866年,在奕䜣的推动下,同文馆内又开设了"天文""算学"馆。随后,天津电报学堂、天津北洋水师学堂、天津武备学堂、广东陆师学堂、天津军医学堂、南京水师学堂、湖北化学堂、湖北矿学堂、湖北自强学堂等新式学堂相继成立。

在西学东渐的同时,政府人员出国考察也势在必行。1866

年，时任海关总税务长的英国人罗伯特·赫德借回国休假之机，建议清廷派员随他走出国门，感受一下西方社会。清廷接受了他的建议，决定派人出去看看。不料，当时没有官员愿意去，也不敢去。只有山西襄陵县前任知县、63岁的斌椿报名应征，因为他曾做过赫德的中文教师兼办文案，斌椿对西洋事物早已产生了兴趣，愿意前往。

1866年3月23日，斌椿率3名同文馆的学生及自己的儿子广英（为照顾其父）由上海启程。斌椿等人历时110多天游历了法、英、荷兰、俄国等10多个国家。斌椿写出《乘槎笔记》，记载了亲眼所见的西方列国的风土人情、山川地势、社会发展等情况。斌椿等人虽然并非正式的外交使团，却开创了清廷闭关锁国以来第一次走出国门的新局面。

继斌椿出访之后，清政府决定向外派遣使节团。第二次鸦片战争后，总理衙门的大臣认为"唯近来中国之虚实，外国无不洞悉；中国一概茫然。其中隔阂之由，总因彼有使来，我无使往"。随着1867年《天津条约》修约之年的到来，奕䜣决定派出使节团，主动与各国建立外交关系；希望通过使节团出访，能与修约国达成一个共识：在修约时不以武力相逼。同时，也为以后常驻使节的派出做准备。

鉴于当时清廷缺乏外交人才，奕䜣决定聘用即将卸任的美国驻华公使蒲安臣为办理中外交涉事务大臣，英国人卓安和法国人德善为左右协理。由总理衙门的章京（办理文书的官员）满人志刚和汉人孙家谷担任交涉大臣。

1867年12月，清廷正式批准成立了"蒲安臣使团"，代表清政府出访欧美。1868年2月25日，使节团乘坐"格斯达哥里"号轮船从上海虹口港起航，先后访问了美、英、法、瑞典、丹麦、荷兰、普鲁士、俄等国。1870年2月23日，蒲安臣病死在圣彼得堡后，志刚带领使团又访问了比利时、意大利、西班牙等国，1870年8月结束访问回到中国。

此次出访，蒲安臣虽然代表清政府，但他毕竟是美国人，不可能真正站在清政府的立场上处理对外关系。但是，在他的主持下，中美签订了《中美续增条约》[①]，而英、法根本不买清政府的账，均表示保留使用武力的权利。不过，使节团也与10多个西方国家发表了外交声明，达成了一些具有普遍意义的外交原则。

1872年，清廷又接受了中国第一位留学美国的归国人员容闳的建议，派出30名幼童远赴美国留学，这是中国的首批留学生。到1875年，清朝先后4次共派出120名留学生，分别赴美学习法律、机械等专业知识。

---

① 史称《蒲安臣条约》，条约规定："大清国与大美国切念人民前往各国，或愿常往入籍，或随时来往总听其自便，不得禁阻，为是现在两国人民互相来往或游历，或贸易，或久居，得以自由，方有利益。"条约签署后。清廷上下对美国在条约中声明不干涉中国内政这一点倍加赞赏。美国则通过这一条约将骗招华工合法化，解决了内战后和修建太平洋铁路劳动力紧缺的问题，因此，也有人将此条约戏称为"廉价劳动力条约"。

原计划这些孩子要在美国学习15年，毕业后回国就职。但是，留学生们在接受西方教育之后，开始弃长袍马褂换西服，有的甚至剪了辫子，也有的信了基督教，因此激怒了清朝廷。1881年，清政府下令分批撤回留学生。虽然多数留学生没有彻底完成学业，但是，多数人回国后仍成为清朝外交、科技等方面的骨干，其中包括近代知名科学家邝荣光、詹天佑等人。

继赴美留学生之后，清政府又于1877至1885年先后4次分别向英、法、德等欧洲国家派出近百名留学生，学习制造、驾驶、矿冶、测绘海图、海军公法、国际公法、铁路、桥梁等专业知识，培养了一批近代科技、管理、军事、政治人才。

洋务运动期间，每项革新措施都遭到了统治集团内部保守势力的反对。保守的大臣们认为，洋务运动是在"用夷变夏"。他们排斥西方的一切事物，拒绝对中国的政治和经济制度进行任何改革，被称为"顽固派"。代表人物有大学士倭仁、山东道监察御史张盛藻、内阁学士李鸿藻等。

1866年年底，从奕䜣主张在同文馆下设天文、算学馆开始，顽固派的反对声音就日益高涨。1867年3月，张盛藻上疏声称："朝廷命官必用科甲正途者，为其读孔孟之书，学尧舜之道，明体达用，……何必令其习为机巧，专明制造轮船、洋枪之理乎？"由此拉开了一场大争论。

随后，当时的理学名家、同治皇帝的师傅、在朝野内外影响巨大的大学士倭仁也上奏称："立国之道，尚礼义不尚权谋；根本之

191

图,在人心不在技艺。""古往今来,未闻有恃术而能起衰振弱者。"

在顽固派看来,中国只要"正人心"就可以了,"洋人以势力胜,中国以礼义胜",自强之道不在制造轮船、洋枪,而在气节;办天文、算学馆是"上亏国体,下失人心"的"多此一举"。

面对顽固派的攻击,洋务派据理力争。在双方各执己见互不退让之时,慈禧太后以非常明朗的态度支持了洋务派,天文、算学馆得以开设。但是应考者寥寥无几,98人报名,31人正式入学,半年后只剩下10名学员,翰林、进士、举人无一人报考。1902年,天文、算学馆并入京师大学堂。

此后,双方在是否继续自造轮船、是否修筑铁路等议题上也进行了几番争论,洋务派皆以慈禧太后的支持而胜出。但是,顽固派只是屈服于慈禧的权威,并不支持洋务运动。

为了解决军用工业的原料、资金、运输等问题,洋务派还大力兴办民用工矿业和运输业。洋务运动促进了中国近代资本主义的发展,也对晚清的社会开放和进步起到了推动作用,清朝国力也得到一定的恢复和增强,一度出现了比较安定的局面,历史上称这一时期为"同治中兴"。

但是,洋务派的革新意识仍有局限性。在他们看来,中国只需要向西方学习先进的科学技术就能强国,而政治制度已经很完美了,无须改进。

林花谢了春红，太匆匆。无奈朝来寒雨晚来风。　胭脂泪，相留醉，几时重。自是人生长恨水长东。

——〔南唐〕李煜《相见欢·林花谢了春红》

短命皇帝

北京政变之后，慈禧主持朝政。同治皇帝时年6岁，贪玩，不爱读书，十六七岁时读"满书极吃力"，"折奏未能读"。无论怎样，他仍是大清朝的皇帝，按照清朝的惯例，同治14岁时就应该亲政。但是，慈禧独揽朝政不肯罢手，直到1872年10月16日同治大婚之后，慈禧不得不同意让权。1873年2月23日，18岁的同治躬亲大政。

1873年7月，同治在紫光阁接见日本特派大使副岛种臣、俄国大使倭良嘎里、美国大使镂斐、英国大使威妥玛、荷兰大使费果荪、法国大使热福理，并接受他们呈递国书。

早在两年前，日本已经遣使到中国，向清政府要求与英、美、法等国享有同样的在华地位，遭到了清政府的拒绝，双方只签订了完全平等的《日清修好条约》。

1873年7月，日本大使副岛种臣来华，先到天津与李鸿章交换《日清修好条约》批准文，又向同治呈递国书。随行的副使柳原前光则到总理衙门拜见了办事大臣毛昶熙和董恂,其间,双方谈起了台湾土著杀死琉球漂民事件①。闲谈中,毛、董二人无意间流露出"杀人者皆属生番",系化外之民的意思,结果被日本人抓住了话柄。随后,日本以"化外之民"不归中国政府治理为由,否认台湾是中国的领土,借机开始策划兴兵侵略台湾。

---

① 琉球又称琉球群岛,位于中国东海东部。在我国明朝《殊域周咨录》中,明朝将周边国家按地理方位分列为东夷、西戎、南蛮、北狄四个部分。其中地处东夷的是:朝鲜、日本、琉球三国。明洪武五年(1372),明太祖朱元璋派"行人"杨载出使琉球诏谕:"朕为臣民推戴,即位皇帝,定有天下之号曰大明,建元洪武。是用遣使外夷,播告朕意,使者所至,蛮夷酋长称臣入贡。惟尔琉球,在明朝东南,远据海外,未及报知。兹特遣使往谕,尔其知之。"当时,琉球群岛上分为山南、中山、山北三国,此后,三国陆续向明廷朝贡。1429年,中山国"巴志"先后攻灭北山、南山统一琉球群岛,明朝于宣德五年(1430)派遣柴山出使琉球,册封巴志为王,赐姓"尚",赐国号"琉球"。此后,琉球使用明朝年号,成为明朝的藩属国。明亡后,琉球继续向清政府朝贡。1663年,琉球正式被清王朝册封,琉球使用清朝年号,向清朝纳贡。历代琉球王都向中国皇帝请求册封,从未间断。但是,1609年,日本萨摩藩岛津氏遂率军攻打琉球,迫使琉球也向日本幕府朝贡。直至1871年,琉球处于"一国两属"状态。1871年,66名琉球岛民漂流到台湾南部,其中54人被当地的原住民(排湾族人)杀害,清政府的无能,给了日本攻打台湾的借口。1872年,日本强迫琉球断绝与中国的一切关系,未经得琉球国同意,擅自将往来文书中"琉球国中山王尚泰"的称呼改成了"琉球尚泰"封尚泰为琉球藩王,列为一等官,设置琉球藩。1879年4月4日,强行吞并琉球国,废藩置县,改为冲绳县,将其纳入日本版图,琉球王国灭亡。

1874年4月，日本政府设立以大隈重信为首的"台湾蕃地事务局"。5月，命令西乡从道率3000人入侵台湾。台湾民众对突然袭来的日军毫无准备，日军在琅峤登陆得逞，随后进犯牡丹社等地，杀死台湾同胞30余人。清廷立即派出船政大臣、林则徐的女婿沈葆桢率兵赴台湾，同时命福建布政使潘霨协同沈葆桢处理台湾事务。沈、潘二人到达台湾后，开始做军事上的部署。而这时攻入台湾的日军出现了水土不服的情况，近600人病亡，又见清军加强了军事部署，便开始急于求和。

9月，日本内务卿大久保利通来到中国，并向英国驻华公使威妥玛和美国驻华公使忭敏求助。在英、美的调停下，李鸿章与大久保利通签订了中日《北京专约》。承认日本出兵台湾为"保民义举"，"中国不指以为不是"；中国对遇害家属给予抚恤银10万两；中国愿把日军在台湾修建的道路、房屋留为自用，补偿银40万两给日本。

日本侵略中国领土台湾不仅没有得到惩罚，反而获得了50万两的巨额赔款。这大大地刺激了侵略者的野心，为日本发动更大的侵略战争埋下了伏笔。

自从两宫太后还政之后，慈安乐得清闲，慈禧却无法释怀，常常干预朝政，令同治非常苦恼。为了分散慈禧的注意力，摆脱慈禧的控制，同治决定给慈禧修建休养、游玩的场所。

1873年11月16日，同治发布朱谕，重修圆明园。而慈禧也常常回忆当年圆明园的生活，早有重修圆明园的意思。因此，在同治发布朱谕的第二天，慈禧便懿旨承办内廷工程的雷氏建筑世家第六代传人雷思起将"内烫样（模型）呈览"。

但是，修园绝非一般小工程，拟修的范围有20余处300多间殿宇，另外还要有修路、建桥、造船、清河道修码头、建围墙、筑门楼等多项附属工程，需银达几千万两，当时入不敷出的财政根本无法支撑。同治下令朝廷上下、京城内外大小官员自动捐款。

11月28日，恭亲王奕䜣指令户部先拨银2万两，先报工银。同治十三年（1874）正月十九，圆明园重修工程正式开工。此时已收到捐银40多万两。4月27日，同治亲自视察工地；此后，5月、6月又分别两次亲临施工现场视察。

其实，同治亲政后，疏于朝政，荒废学业。同治的师傅李鸿藻上疏劝导："每日办事之后，仍到书房认真讨论……取从前已读已讲之书，逐日温习，以思其理未读未讲之书，从容考究……"但是同治根本不听劝告。

8月27日，恭亲王奕䜣、醇亲王奕譞、大学士文祥等十位御前大臣与军机大臣联衔上奏折，要求停止圆明园工程，"宜培养元气，以固根本；不应虚糜国帑，为此不急之务"。同治读了折子上的几行字，就勃然大怒，降旨革去恭亲王奕䜣的封号，"亲王世袭罔替，降为郡王"。打算以"朋比为奸，谋为不轨"的罪名革去惇亲王奕誴、醇亲王奕譞、科尔沁博多勒噶台亲王伯讷彦谟诂、额驸景寿、贝勒奕劻、军机大臣奕䜣、文祥、宝鋆、沈桂芬、李鸿藻等10人的职务。

两宫太后见事态恶化，急忙召见同治："十年以来，无恭王何以有今日？皇上少未更事，昨谕著即撤销。"因此，同治惩处奕䜣等人的上谕没有发布。9月11日，两宫太后懿旨，赏还恭亲王及其子载澄爵衔，并下谕停止圆明园工程，改为修西苑三海工程。

同治的学识和政治才能有限，婚姻问题也备受困扰。当初，对选谁做皇后一事，两宫皇太后意见不一。慈安皇太后喜欢淑静端慧、容德俱佳的蒙古正蓝旗侍讲崇绮的女儿阿鲁特氏，而慈禧则偏爱年轻俏丽、恣性敏慧的侍郎凤秀之女富察氏，最终同治选择了崇绮的女儿阿鲁特氏为皇后，富察氏为慧妃。慈禧对此很不高兴。大婚之后，慈禧看到同治与皇后恩恩爱爱更不是滋味，于是以妨碍政务为由不准同治与皇后亲近，只让同治接近慧妃。同治又不喜欢慧妃，于是常独宿乾清宫。慈禧的干预使同治苦闷不已，很快便在太监及侍读王庆祺的导引下微服出宫，寻花问柳。但是，这样的日子并没过多久，1875年1月12日，同治病逝，终年19岁，葬于河北昌瑞山惠陵，庙号"穆宗"。

同治是清朝最短命的皇帝，从身体不适到病逝只有35天。关于同治的死，历史上有死于天花，死于梅毒，先患天花未愈而又染上梅毒或先患梅毒后染天花、两病并发医治无效而死等几种说法。

> 滩头细草接疏林,
>
> 浪恶罾舡半欲沉。
>
> 宿鹭眠鸥飞旧浦,
>
> 去年沙嘴是江心。
>
> ——〔唐〕皇甫松《浪淘沙·滩头细草接疏林》

慈禧二度垂帘

同治没有留下一儿半女,按照大清祖制,如果皇帝没有子嗣,应该从皇族近支中遴选晚辈继承皇位。但是,这样一来,慈禧将成为太皇太后。在历朝历代中有皇太后摄政的例子,却没有太皇太后摄政的旧例,而她只想再度名正言顺地独揽皇权。

同治病重期间,慈禧已经重掌权柄,并且打定主意在皇族"载"字辈中为咸丰皇帝选子入嗣承继皇位,而不是在同治的晚辈"溥"字辈中为同治选子继承皇位,这样慈禧就能以皇太后的身份摄政。

最后,慈禧选定了4岁的载湉入嗣。载湉的父亲醇亲王奕譞是道光的第七子、咸丰的弟弟,母亲是慈禧的亲妹妹。同治病逝不到两个小时,慈禧就召开御前会议,当着众王公大臣的面宣布,将同治的表弟载湉入嗣咸丰帝,承继大统。慈禧的这一决定,令在场的醇亲王奕谖如当头一棒。作为资深皇族宗亲，奕谖虽然能力平庸却很了解慈禧的政治野心，他知道，载湉一旦入宫不仅从此成为慈禧的政治傀儡，自己也将失去儿子，因此当场"碰头痛哭，昏迷伏地，掖之不能起……"但是，无人能改变慈禧的决定。第三天，载湉正式进宫，两宫皇太后再度垂帘听政。宣布第二年为光绪元年。

慈禧的做法改变了大清祖制。1875年2月20日，内阁侍读学士广安冒死上书，建议慈禧召集王公、六部九卿、大学士，为光绪承嗣一事"颁立铁券"。在慈禧看来，这个建议分明是要约束自己，不容自己以后再对立嗣一事做任何变动。于是，痛斥广安，"冒昧渎陈，殊堪诧异。广安着传旨申饬"。此后，朝中无人再对立嗣的事公开发表议论。1875年2月25日，4岁的载湉（1871—1908）在太和殿正式即位。这年，慈禧40岁，慈安38岁。

载湉即位一个月后，同治的皇后阿鲁特氏服毒自杀。阿鲁特氏的悲剧是慈禧一手酿成的。载湉的即位，让阿鲁特氏的名分和地位都很尴尬——既非皇后又非皇太后。加上与慈禧不和，阿鲁特氏在皇宫之中几乎无立足之地。据说，阿鲁特氏曾向父亲崇绮求救，父亲只给了她一个字——"死"。

广安的上书和阿鲁特氏的死都与慈禧选嗣有关，尽管朝野内外怨谤声起，但无人敢挑战慈禧的权威。4年后，1879年4月25日，同治与阿鲁特氏皇后的祭礼日，吏部主事吴可读突然服毒自尽，以"尸谏"的非常方式再请慈禧为同治立嗣，轰动一时。

但是，此时的慈禧地位早已稳固，朝廷内各大小王臣莫不仰视。她也不再以简单的压服方式处理此事，而是将吴可读生前最后一份奏折交于王公大臣、大学士、六部九卿、翰詹科道等官员讨论。结果很明显，没有谁会为了一个死去的人得罪破坏清朝祖制的皇太后。为了表达对慈禧的忠诚，礼亲王世铎，大学士徐桐、翁同龢、潘祖荫，国子监司业张之洞，侍读学士黄体芳，御史李端棻等大臣或联名或单独上奏，声援慈禧，斥责吴可读。慈禧利用王公大臣们的奏折控制了舆论，使事态得以平息。

1881年4月8日，45岁的慈安突然病逝。对于慈安的死众说纷纭，莫衷一是。清政府在对外哀告中称，慈安是正常病死。而野史传说，慈安是被慈禧毒死的。不管怎么说，慈安的故去使两宫垂帘变成了慈禧太后的一宫独断。

1883年12月，中法战争爆发。是战是和，慈禧迁延不决。军机大臣奕䜣和直隶总督李鸿章同样犹豫不定，导致前方战事失利。慈禧决定对中央核心决策层进行改组。

1884年4月8日，慈禧下令免去军机大臣、恭亲王奕䜣一切差使，令其回家养病。命礼亲王世铎在军机处大臣上行走；户部尚书额勒和布、阎敬铭，刑部尚书张之万均在军机处大臣上行走；工部侍郎孙毓汶在军机大臣上学习行走；且军机处要事皆与醇亲王奕譞商办。表面上看，醇亲王奕譞成为军机处首席大臣，实为慈禧的傀儡，慈禧借此集决断权于一身。

随后，慈禧又对部院大臣、总理衙门、八旗都统做了重大的调整，完成了清廷最高领导层的人事变动。因为这次变动发生在甲申年，史称"甲申易枢"或"甲申朝局之变"。

有君国有屏障，无君断无新疆。论兵战，吾不如左宗棠；为国尽忠，亦以季高为冠。国幸有左宗棠也。

——〔清〕曾国藩

左宗棠收复新疆

1864年，南疆回族、维吾尔族民众发起反清起义，并建立了互不统属的割据政权。1865年1月，在割据政权的邀请下，亚浩罕汗国（在今乌兹别克斯坦境内）摄政王派阿古柏率兵侵入南疆。4月，阿古柏成立"哲德沙尔汗国"。英国也乘机渗透势力，扶植阿古柏扩大控制范围。1870至1871年的两年时间里，阿古柏相继占领了吐鲁番、乌鲁木齐、古牧地、木垒、玛纳斯、鄯善等地。

1871年7月，俄国也乘机出兵占领时为新疆军政中心的伊犁九城（惠远、惠宁、绥定、广仁、熙春、宁远、拱辰、瞻德、塔尔奇），宣布伊犁归属俄国，开始与英国争夺中国西北边疆。第二年，清政府派伊犁将军荣全与沙俄交涉归还伊犁事宜，俄国以清政府无力保卫伊犁不受阿古柏侵犯为由，拒绝归还。

于是，消灭阿古柏入侵势力、收回新疆成为伊犁归复的前提。

此时，清政府内部出现了两派意见：以直隶总督李鸿章为首的"海防"派主张放弃新疆，加强海军建设；以陕甘总督左宗棠为主的"塞防"派主张收复新疆，强调"重新疆者，所以保蒙古，保蒙古者，所以卫京师"。

1875年5月，慈禧任命左宗棠为钦差大臣，督办新疆军务，负责统兵收复新疆。左宗棠是湖南湘阴人，道光十二年（1832）举人，三次进京赶考落第之后，左宗棠专心于经世致用的学问，潜心研究地理和兵法。咸丰元年（1851），太平天国运动兴起，给了左宗棠施展才学的机会。咸丰二年（1852），40岁的左宗棠在贵州黎平知府胡林翼保荐下步入仕途。咸丰六年（1856），左宗棠因接济曾国藩军饷，对湘军夺取武昌有功，在士林之中声名渐隆，被授命为兵部郎中。平定太平天国之后，同治六年（1867），左宗棠被任命为钦差大臣、督办陕甘军务，在镇压捻军与回民起义中显示出了杰出的军事才能。此次领命出兵新疆，左宗棠已经65岁，为了表明不胜无归的决心，左宗棠给自己打造了一口棺材，并抬棺西征，开始了收复新疆的大业。

在出征之前，左宗棠面临着朝廷军费吃紧的问题，此时的清廷在经历了两次鸦片战争、太平天国运动、捻军之乱、陕甘之乱等战事之后早已财政紧张。为了支持左宗棠出征，除了清政府户部交付的200万两白银，全国各省还凑了300万两。但是，左宗棠西征首次上报的军费预算就是1000万两白银。不得已，在清廷的授权下，左宗棠给商人胡雪岩致信，请他向上海滩的外国银行借款，解西征军燃眉之急。早在镇压太平天国之时，胡雪岩就为左宗棠筹备过军饷，这次胡雪岩又以江苏、浙江、广东海关收入做担保，先后六次出面借外债1870万两白银，解决了西征军的经费问题。

随后，左宗棠任用道员刘锦棠、都统金顺和广东提督张曜为主将，兵分三路入疆。命令金顺驻扎济木萨，刘锦棠驻扎古城子，张曜驻扎哈密。同时，根据敌情及新疆的地理特点，制定了"先北后南""缓进急战"的战略方针。1876年8月初，刘锦棠率"主战"军，张曜率"且战且防"军，攻下叛军占据的古牧地，歼敌6000人，随后收复迪化等城。敌军余部退守玛纳斯，左宗棠命令金顺攻城，未成。再派刘锦棠继续攻城，12月破城，北路遂清。

1877年4月，清军由迪化南下，连克达坂城、托克逊、吐鲁番，打开了进军南疆的门户。阿古柏逃至库尔勒，走投无路服毒自杀。9月，左宗棠大军乘胜出击，渡过开都河长驱直入，先后收复库尔勒、库车拜城、阿克苏、乌什、叶尔羌、英吉沙尔、和阗、喀什噶尔。阿古柏的儿子伯克胡里裹挟当地居民5000余人逃入沙俄境内。至此，除伊犁9城仍被俄军控制外，新疆其他地区全部被清军收复。

1878年6月，清政府决定走外交途径收回伊犁地区，派遣吏部左侍郎崇厚去俄国交涉。谁料，1879年10月2日，无能的崇厚竟然擅自与俄方签订了丧权辱国的《里瓦几亚条约》，虽然收回了伊犁，却将伊犁西境霍尔果斯河以西、南境特克斯河流域和穆苏尔山口大片领土划给俄国；清政府偿付280万两白银的伊犁代守费；等等。崇厚的卖国做法惊动朝野，被革职拿问，判以"斩监候"。1880年，清政府改派驻英、法公使曾纪泽兼任驻俄公使，赴俄改订条约。

沙俄不肯改约，且集结兵力在中俄东北、西北边境，向中国示威。清政府决心不再退让，派出左宗棠坐镇新疆哈密，命令三路大军挺进伊犁准备以武力收复伊犁。沙俄当时刚刚吞并了中亚汗国，瓜分了土耳其，立足未稳，真与清军交战的话，胜负难料。权衡利弊之后，沙俄坐到了谈判桌前。

曾纪泽决心"探虎口而索已投之食"，与俄国人唇枪舌剑，双方正式会谈辩论有记录可查的为51次，反复争辩达数十万言，经过艰苦的马拉松式的谈判，最终双方正式签订《中俄伊犁条约》。与《里瓦几亚条约》相比，《中俄伊犁条约》只是相对减少了中国的损失。俄国交还伊犁地区，收回割让给俄方的特克斯河流域。但是，几乎全部保留了俄在《里瓦几亚条约》中规定的商业特权；而且霍尔果斯河以西地区和北面的斋桑湖以东地区仍被俄国强行割去；并且赔款900万卢布。

宣室今年起故侯,衔兼中外辖黄流。

金銮午夜闻乾惕,银汉于寻泻豫州。

猿鹤惊心悲皓月,鱼龙得意舞高秋。

云梯关外茫茫路,一夜吟魂万里愁。

——〔清〕龚自珍《咏史》

中法战争

1883年12月,法国企图吞并清廷的藩属国越南,打通从西南进入中国的通道,从而引发中法战争。虽然经过数次交战,双方各有胜负,最终以清军的胜利而停止了交战。但是,由于清廷的腐朽昏庸和妥协政策,最后"法国不胜而胜,清廷不败而败"。

越南古称安南,一直是中国的附属国。从1787年起,法国传教士开始在越南活动。1862年,法国迫使越南阮氏王朝签订第一次《西贡条约》,将越南南部划为法属殖民地。

1873年11月,法国西贡总督杜白雷派安邺率军占领河内、海阳、宁平、南定等省,企图占领整个越南。情急之下,越南国王求助于黑旗军①。黑旗军首领刘永福(1837—1917),接到邀请

---

① 黑旗军,原广西天地会起义军,被清军镇压后退至中越边境地区,驻扎在越南保胜(今老街)一带,约有2000余人,成为独立的地方武装。该军队因打着七星黑旗而得名。

后率军绕道河内，设下埋伏诱斩安邺，歼灭法军数百人，大败法军于河内城郊。越南国王因此封刘永福为副提督。但是，迫于法国的外交压力，越南于1874年3月15日与法国签订了第二次《西贡条约》，承认法国代管越南外交的条款，否定中国对越南的"宗主权"。

1875年，法国把这个条约通知清政府，清政府在答复中再三申明中国对越南负有"宗主"保护责任，但是，对该条约却不明确否认。1877年，越南国王照旧遣使来中国，法国也不阻拦。当时，清政府正忙于平复新疆，无暇顾及此事；法国也因普法战争失败，国力尚未恢复，未再采取行动。

1880年，在中俄伊犁交涉的关键时刻，法国开始出兵占领红河。1882年4月，法国命交趾支那海军司令李维业指挥侵略军第二次入侵越南北部，占领河内。1883年3月，黑旗军再度出手援助越军。5月，黑旗军在河内城西的纸桥与法军激战3个小时，大败法军，当场击毙法军司令李维业，取得了纸桥大捷。

当时，清廷为了收复新疆已经付出了4200余万两白银，其中外债800万两。因此，财政困难的清政府，在应对法国侵略之时显得力不从心。面对法军的威逼，以李鸿章为代表的大臣们强调迁延忍让，徐图自强；而以张之洞为首的主战派则认为不应畏敌不前。清政府犹豫不定，一方面派滇、桂各军进扎越南北宁、山西，援应黑旗军，却又命令"衅端不可自我而开"；另一方面派李鸿章和法方交涉，希图达成妥协。

清政府犹豫不定的政策助长了法军的攻势。纸桥战役之后，法国调集重兵，还成立了北越舰队，发动了全面侵越战争。8月初法军军舰进攻越南中部攻占都城顺化。8月25日迫使越南签订《顺化条约》，取得对越南的"保护权"，使越南完全沦为法国的殖民地。9月15日，法国要求清廷：撤出中国驻越军队；承认法国在越南的殖民统治；向法国开放云南的蛮耗为商埠。清政府拒绝了这一方案，李鸿章与法国驻华公使脱利古的谈判终止。

12月11日，法军司令孤拔率6000人由河内向越南的山西城开进。14日，法军兵分两路向该城的中国驻军和黑旗军发起进攻，中法战争正式爆发。

当时，驻守山西城的黑旗军和清军共约5000人，奋起还击，战斗异常惨烈。16日，法军轰塌城墙涌入城内，黑旗军和清军因伤亡过重而西撤兴化。

法军占领山西城之后，迅速增加兵力。1884年3月8日起，来自河内和海阳的法军第1、第2旅约1.2万人，水陆协同进攻清军重点守备的北宁城。北宁守军有桂军、滇军共32营约1.3万人，但是，北宁守将徐延旭指挥无方，两位部将黄桂兰、赵沃又相互倾轧，导致兵无斗志，临阵脱逃。3月12日，北宁失守。法军乘胜攻占太原、兴化。清军的失利震惊朝廷，慈禧借机免去恭亲王奕䜣一切职务，重用醇亲王奕譞主持军机处，以礼亲王世铎为军机处领班，庆亲王奕劻主持总理衙门事务；并免去一些强硬派大臣的职务，命李鸿章与法国人讲和。

1884年5月11日，北洋大臣李鸿章在天津与法国中校福禄诺签订《中法会议简明条款》，主要内容是承认法国完全占领越南；驻越清军全部撤出；中国同意在中越边界开埠与法通商。

就在清朝政府以为可以松一口气的时候，不料，越南战场再起事端。

条约规定了清政府撤出驻越守军，却没有定下撤离时间。因此，条约签订后，清政府并没有立即撤军。7月12日，法军去谅山"接防"。当法军到达北黎（观音桥）时，清军因尚未接到撤防命令，便派出代表请法军暂缓进兵。法军见清军不撤兵，竟开枪打死清军代表，炮击清军阵地。清军奋起还击，击毙、击伤法军百余人。

北黎事件之后，法国以清朝"背约"为由，向清政府提出最后通牒，要求清军立即撤退，并赔款2.5亿法郎。同时，法国将在中国和越南的舰队合成远东舰队，任命孤拔为统帅，开进福州和基隆，准备直接进攻中国本土，迫使清廷就范。

在法国的威逼下，清政府派两江总督曾国荃为全权代表，与法使巴德诺在上海举行谈判。由于法国的赔款要求没有得到满足，8月上旬，法军3艘军舰进犯台湾基隆，被清朝守军击退。

23日中午，事先驶进福州马尾军港的法国舰队突袭泊于港内的中国福建水师。福建水师仓促应战，在半个多小时的战斗中，福建水师被击沉兵舰11艘，运输船19艘，死伤700余人。第二天，法国舰队又击毁了法国帮助建造的整个马尾造船厂，摧毁了厂房、机器等建造设施。左宗棠苦心经营了18年的中国主要造船基地化为一片废墟,福建水师就此覆灭。

8月26日,清政府谴责法国"横索无名兵费,恣意要求","先启兵端"而对法宣战。

10月1日,孤拔舰队攻打台湾的基隆和沪尾(今淡水),清守将刘铭传弃基隆守沪尾,法军攻下基隆炮台,强行登陆沪尾时,遭到清军迎击,败退海上。

登陆台湾不成,孤拔便从10月23日起对台湾实行海上封锁。1885年2月1日,法军接连从基隆向台北进攻。同时,法舰北上拦截清廷南下增援台湾的5艘清军舰,在浙江镇海引发了甬江之战。法舰攻打镇海口岸,清军提督欧阳利见指挥迎战,扼守招宝山炮台的清军也开炮还击,击中孤拔的座舰,重伤孤拔,6月11日,孤拔死于澎湖岛。

法军在海上失利,便将战场转向越南陆地方面。

清政府宣战后,在越南的清军分两路会攻越南北部。西路由云贵总督岑毓英统滇军和黑旗军联合直指宣光;东路由广西巡抚潘鼎新领桂军,进驻谅山,向谅江、太原方向进攻。西路大胜法军,收复宣光、光化、山西等地,取得临洮大捷。但是,东路兵挫凉山,潘鼎新逃到龙州。法军占领镇南关(今广西友谊关)。

随后,清廷革去潘鼎新职务,起用老将冯子材指挥东路作战。3月23至24日,清军依托镇南关的有利地形和野战防御工事,取得震惊中外的镇南关大捷,扭转了整个中法战争的大局。清军乘胜克复谅山，并向南挺进，前锋进逼郎甲、船头（今陆岸）一带。法军大败的消息传至巴黎，茹弗理内阁倒台。清军各部迅速集结部署，准备给法军以彻底打击。这时清政府却下令停战，决定"乘胜即收"，与法国谈判。

1885年4月7日，清政府正式下达了停战撤兵的命令，前线清军无奈撤回。6月9日，清廷委任李鸿章为全权大臣，与法国驻华公使巴德诺在天津签订了《中法会订越南条约》，即《越南条款》或《中法新约》，又称《李巴条约》，共10款。主要内容是：清政府承认法国是越南的"保护国"；同意法国在广西、云南两省享有通商特权；中国如在这两省修铁路，须与法国商办；指定中越边界上两处地方为通商口岸；签约后6个月内，中法两国派员到中越边界"会同勘定界限"；法军退出台湾、澎湖。

11月28日，条约在北京交换批准。法国在谈判桌上得到了战场上没有得到的权益。中国西南门户洞开，为法国侵略势力向中国领土渗透提供了通道。

中法战争使清政府的外债总数达到两千余万两，沉重的经济损失加速了清朝的沉沦。

中法战争之后，清政府认识到了台湾地位的重要性。1885年10月12日，慈禧下懿旨，诏准左宗棠提出的台湾建省方案，正式建立台湾行省，命刘铭传为第一任台湾巡抚。此后，清政府加强了"海防"，成立了海军衙门，加速海军建设，到1888年正式建成北洋水师。

海水一泓烟九点，壮哉此地实天险！
炮台屹立如虎阚，红衣大将威望俨。
下有深池列巨舰，晴天雷轰夜电闪。
最高峰头纵远览，龙旗百丈迎风飐。
长城万里此为堑，鲸鹏相摩图一啖。
昂头侧睨眈眈，伸手欲攫终不敢。
谓海可填山易撼，万鬼聚谋无此胆。
一朝瓦解成劫灰，闻道敌军蹈背来。

——〔清〕黄遵宪《哀旅顺》

甲午战争

　　日本自明治维新走上资本主义道路，逐步强大起来。随后，在入侵台湾、干涉朝鲜内政与清军发生冲突之时，日本深感海军力量的不足，立即加快了充实海军的步伐并大力扩充陆军。1888年，中国组建北洋水师，日本又制定了赶超北洋水师的海军计划。

　　1890年之后，日本将财政收入的60％用来发展海、陆军；1893年，明治天皇又决定每年从自己的宫廷经费中拨出30万元，从文武百官的薪金中抽出1/10以补充造船费用。同时，派出间谍到中国和朝鲜搜集军事情报，绘制详细的军用地图，对中国的基本兵力情况做到了如指掌。

日本终日磨刀霍霍之时,清廷却在忙着准备慈禧的60大寿庆典。慈禧的60大寿在1894年,但是,朝中上下提前两年就开始筹办,甚至不惜挪用海军军费大兴土木修建颐和园。

即使在甲午战争爆发之后,一心附和慈禧的朝臣们仍对战争置若罔闻,继续修园,把慈禧60庆典作为压倒一切的头等大事。直到旅顺失陷,慈禧才暂停颐和园大典事宜。为了慈禧在紫禁城宁寿宫过的这个60岁生日,清朝廷大肆挥霍了541万两白银,而当时户部拨给前方战事的筹款却只有250万两白银。

1894年春,朝鲜爆发"东学党"农民起义。6月3日,朝鲜政府请求清政府派兵协助镇压。6月8日,清军首批部队抵朝。存心挑衅的日本政府在得知清军入朝的消息后,派出1万多陆军迅速入朝,抢占从仁川至汉城一带各战略要地;设立战时大本营,作为指挥战争的最高机构。

就在中日两国向朝鲜出兵时,朝鲜政府和东学党起义军签订了休战和约。6月13日,朝鲜政府为了阻止日本的入侵脚步,请求中国先行撤兵。清政府同意撤兵,并要求日本同时撤兵。但是,日本决心扩大事端,不仅不理会清政府的要求,反而继续向朝鲜增派军队,并要求清政府共同"改革"朝鲜的内政,遭到清廷的拒绝。

7月19日,日本驻朝公使大鸟圭介强逼朝鲜政府废除《中朝通商条约》,驱逐清军出境。面对日本咄咄逼人的做法,清廷的决策者们又是战和不定。为了不影响慈禧的万寿庆典，诸多朝臣附和慈禧主张回避战争，力保和局。

此时，光绪已经亲政，身边形成一股帝党势力。针对日本的军事挑衅，光绪及帝党极力主战。而慈禧虽然"归政"，却仍把持实权，借助亲信大臣孙毓汶、徐用仪操纵军机处，笼络实权人物李鸿章等形成后党势力，维护她的统治。

最终，在主战派的舆论压力下，李鸿章还是派出总兵卫汝贵、提督马玉昆等人进驻平壤、义州；并自7月21日起，派兵从大沽口出发去朝鲜增援驻牙山的清军叶志超部。

此时的李鸿章，对备战工作仍是敷衍塞责。而日本政府则指示公使"促成日中冲突，为今日之急务。为断行此事，可采取任何手段"。7月23日，日军悍然攻占朝鲜王宫，成立以大院君李昰应为首的傀儡政府。7月25日，大鸟圭介逼迫朝鲜大院君宣布单方面废除中朝两国间的一切商约，并"授权"日军驱逐屯驻牙山的清军。驻朝清军苦战不敌，先胜后败，北撤公州，而屯驻牙山的叶志超则闻败逃往平壤。

日本陆军在袭击牙山清军的同时，日本军舰也在靠近朝鲜的丰岛海面袭击了清朝军舰，击沉清朝运兵船"高升号"，船上800多名将士牺牲。日本不宣而战，挑起了甲午战争。

8月1日，中日政府同时宣战。

9月初，日军第五师和第三师一部约1.6万多人，带上山炮44门，由汉城北进。15日，日军兵分四路包围平壤。当时驻守平壤的清军有卫汝贵、马玉昆、左宝贵、丰开阿四路大军，32营编制，共计约1.3万人，加上从牙山撤回的叶志超、聂士成部，共约1.5万人。15日凌晨，平壤攻防战打响，清军全力还击。午后，玄武门失守，左宝贵阵亡。驻朝清军统帅叶志超贪生怕死，见玄武门失守便丧失了信心。当晚，他召集各统领商议放弃平壤，撤军至鸭绿江设防。马玉昆反对，叶志超不听。入夜后，叶志超带头弃城而逃，26日逃回国内。

9月16日，日军进入平壤，发现城内已无清军一兵一卒，而被清军丢弃的武器、弹药、粮饷和其他物资堆积如山，尽数为日军所得。日军占领平壤，朝鲜全境沦陷。

平壤攻防战是中日甲午战争爆发后的首次战役，清军伤亡近2000人，日军只伤亡180人。

陆地失利后，清廷把挽回败局的希望寄托到北洋水师身上，希望在海战中取胜。

自兴办洋务运动30年来，李鸿章把全部精力都放在了海防建设上。中法战争之后，用3年的时间发展北洋水师，到1888年12月，北洋水师正式成立，舰队在装甲和火炮口径方面均有优势。排水量7335吨的"定远""镇远"两舰是亚洲最令人生畏的军舰，属于当时世界较先进的堡式铁甲舰。水师兵员约4000人，火炮270门，鱼雷发射管68枚。李鸿章还在旅顺、威海修筑军港，作为北洋水师的两个主要基地。加上南洋、广东、福建等地区的舰艇，中国海军的装备实力居世界第七，在亚洲首屈一指。

但是，1888年之后，海军衙门不再购置新式舰船。因为大部分军费都被挪用去讨好慈禧修建颐和园了，海军建设停滞不前。

尽管如此，北洋水师仍然具备相当的作战实力。1894年5月下旬，李鸿章曾在检阅北洋水师后，上奏称："北洋各舰及广东三船沿途行驶操演，船阵整齐变化，雁行鱼贯，操纵自如。以鱼雷六艇试演袭营阵法，攻守多方，备极奇奥"；"于驶行之际，击穹远之靶，发速中多。经远船，发十六炮，中至十五。广东三船，中靶亦在七成以上"；"夜间合操，水师全军万炮并发，起止如法、俄、日各国，均以兵船来观，称为节制精严"。

尽管清朝廷拥有着较强的军事实力，却缺乏积极的国防意识。1890年，美国军事家马汉（Alfred Thayer Mahan）的《海权论》在美国出版之后，即刻引起了西方各国及日本统治者的关注，诸国的海权意识日趋成熟，争先为强大海军、控制海洋、获得海上霸权而积极谋略，甚至将之设定为国家发展战略目标。而清朝统治者则依然坚守在陈腐的统治轨道上，海军建设只有消极的防御思想，那些船坚炮利不过是其维护封建统治、提高自身权力的护身器。

因此，战争爆发之后，统率战争事务的李鸿章不肯拿出自己的家底轻易一试。当提督丁汝昌提出主动出海寻敌时，李鸿章不仅不采纳，还指示说"不必定与拼击，但令巡弋渤海内外，作猛虎在山之势，倭尚畏我铁舰，不敢轻与争锋"。

可惜，日军远非李鸿章设想的那般畏缩。9月17日，北洋水师在黄海遭遇日本联合舰队，双方随即展开大规模的海战。

这一战，充分暴露出了北洋水师的弱点。北洋水师受过正规的海军训练，也制定了严明的《北洋水师章程》。但是，军队管理却十分松散。提督丁汝昌凡事亲力亲为，为北洋水师建设倾注了大量心血。但是，他却违反"总兵以下各官，皆终年住船，不建衙，不建公馆"的规定，在刘岛上建铺屋，向外出租，收取租金。水师上下相习成风，视为常态。财务上实施行船公费管带包干、节余归己的制度。如此一来，为了节余公费另为他用，各船管带对船舰鲜于保养、维修，以致一些船只"外则铁锈堆积，内则秽污狼藉"。

养兵千日用兵一时。李鸿章却临战惜力，坚持奉行"保船制敌"的方针，致使水师缩手缩脚、处处被动。开战5个多小时，北洋水师便损失了致远、经远、超勇、扬威、广甲5艘军舰。"来远号"重伤，死伤官兵约1200人；日本舰队松岛、比睿、赤城、西京丸4舰重伤，伤亡仅300余人。北洋水师在遭受重创后，无力出海应战，日本海军掌握了黄海制海权。

随后，日军发起了地面进攻，兵分两路进攻辽东半岛和山东半岛。

10月25日，日军渡过鸭绿江，迅速占领辽东半岛及大连。11月25日，旅顺陷落，日军在城内展开了惨绝人寰的大屠杀。1895年1月20日，日军再从山东半岛威海卫南边的荣成湾成山角登陆，陆路抄袭威海卫之背，海军从海上封锁威海卫。坚持"保船制敌"的北洋舰队在黄海海战之后继续消极地自困危港之内，坐以待毙，成了日军的囊中之物。经数日苦战，北洋舰队全军覆没，刘步蟾、丁汝昌服毒自杀。

3月，在辽东战场，清军节节败退，牛庄、营口、田庄台相继失陷。日军占领了辽东半岛，逼近山海关，清政府决意求和。

1895年4月17日，李鸿章代表清政府前往日本山口县马关（今山口县下关），同日本签订了丧权辱国的《马关条约》，主要内容为中国割让辽东半岛、台湾和澎湖列岛给日本；赔偿军费白银2亿两；允许日本在中国开设工厂；增加开放沙市、重庆、苏州、杭州四个城市以及长江、吴淞江航运线。此时，对中国东北地区觊觎已久的俄国出面，与德国、法国一起干预割让辽东半岛给日本之事，迫使日本归还辽东半岛，条件是中国付给日本3000万两白银作为"赎辽费"。

甲午战争是日本近代史上第一次大规模的侵略战争，对日本的发展产生了深远的影响。通过甲午战争，日本获得了侵略朝鲜的有利地位，还从中国掠夺了数亿资产。这笔相当于日本当年财政收入三倍的巨款，极大地增强了日本的国力，为其进一步发动对外侵略战争奠定了物质基础。甲午战争之后，日本一跃成为亚洲强国，跻身瓜分殖民地的帝国主义列强之中。而清朝却背上了举借更多外债的沉重包袱。

> 沉沉心事北南东，一眇人材海内空。
>
> 壮岁始参周史席，髫年惜堕晋贤风。
>
> 功高拜将成仙外，才尽回肠荡气中。
>
> 万一禅关砉然破，美人如玉剑如虹。
>
> ——〔清〕龚自珍《夜坐·其二》

帝后党争

1886年，光绪16岁，按照惯例，皇帝到了亲政的年龄。7月初，慈禧不情愿地宣布明年举行光绪亲政大典，归还朝政。但是，老臣们非常了解慈禧的心思。经过苦思冥想，光绪的生父、醇亲王奕譞想出用"训政"代替"垂帘听政"的办法，博得慈禧的赞许。随后，醇亲王奕譞、礼亲王世铎等人上书请求慈禧再行训政，慈禧顺水推舟，"不得已"同意在光绪亲政后再训政数年。

1889年，19岁的光绪亲政。但是，最高权力仍在慈禧手中。慈禧规定：每隔一日，光绪必须亲自向她奏报政务，听候训示。

光绪做了12年的少年天子，主要任务就是读书。光绪自幼瘦弱，对慈禧怀有强烈的畏惧感；凡事不敢与她辩驳，向慈禧跪安时常常是浑身发抖；听到锣鼓、物体碰撞声、吆喝声也心惊肉跳。在这种极端压抑的成长环境中，光绪将所有精力都用在读书上。

在军机大臣翁同龢（1830—1904）和侍郎夏同善的指导下发奋学习。夏同善主要教光绪写字，翁同龢教光绪读书。翁同龢先后为同治、光绪两代帝师，历任刑、工、户部尚书，协办大学士，军机大臣，总理各国事务大臣等，凡同治、光绪年间的重大朝政活动无不参与。向光绪传授儒家文化的同时，翁同龢也将改革进取的思想传授给他。

在翁同龢的影响下，光绪不仅阅读了龚自珍、魏源以及冯桂芬等人具有改良思想的著作，并且大量阅读汉译西学书籍和出国使臣的笔述，以了解世界情况。亲政后，光绪在新思想的激发下，锐意进取，希望有所作为。

然而，慈禧从没想过给光绪自主权，无论是政务还是婚姻。光绪宠幸珍妃，慈禧却将自己的侄女强塞给光绪做皇后，是为隆裕皇后。隆裕的长相不出众，瘦弱又驼背，让光绪心生厌恶又无可奈何。慈禧将侄女嫁给光绪，就是要监视光绪的一举一动，以便控制光绪。

为了摆脱慈禧及后党的干涉，光绪亲政后开始组建自己的领导团队，逐渐形成帝党。帝党的核心人物是光绪的师傅翁同龢。翁同龢一直周旋于光绪与慈禧之间，慈禧对他也很看重。光绪亲政后，翁同龢渐渐倾向于光绪。帝党的其他成员多为清流派人物，如工部主事沈曾植，翰林张謇，侍读学士文廷式，礼部侍郎志锐（光绪宠妃珍妃的哥哥）、工部侍郎汪鸣銮、长麟等。

甲午战争爆发之后，光绪及帝党一力主战。但是，由于李鸿章指挥不力，一再贻误战机，导致士气不足，连连战败。

平壤失守后，朝臣对李鸿章普遍不满。帝党纷纷上书弹劾李鸿章，在"群议沸腾"下，光绪发布上谕，罚李鸿章"拔去三眼花翎，褫去黄马褂"。9月29日，光绪再度启用奕訢，督办军务。1月2日，正式成立督办军务处。之后，又任命翁同龢、李鸿藻为军机大臣，借以打破后党独霸军机处的局面。然而，此时的奕訢年老多病，锐气大减。重新上台后，只是顺着慈禧的意旨办事，不敢稍有出格，并未撼动李鸿章的军事统帅地位。

同时，光绪的举措也触动了后党的利益，触怒了慈禧。

黄海海战失败后，慈禧支持李鸿章议和，并决心剪除光绪的帝党势力，打击光绪。慈禧首先降旨革去光绪瑾妃和珍妃（姐妹俩）的封号，贬为贵人。据野史记载，慈禧还下令将光绪宠爱的珍妃处褫衣廷杖的苦刑；同时，将志锐贬到乌里雅苏台。

甲午战争失败后，后党也发生了变动，军机大臣孙毓汶和徐用仪因主和而受到舆论攻击，被迫卸任；步军统领、会办军务的满人荣禄（1834—1903）得到慈禧的重用，授总理各国事务大臣、兵部尚书、协办大学士督练北洋新建陆军；李鸿章虽然身败名裂，甚至被一些人斥为秦桧，却仍为慈禧所重用。此后，随着百日维新、戊戌变法的兴起，清朝廷的党争现象再度泛滥至一波新高度。

天龙作骑万灵从，独立飞来缥缈峰。

怀抱芳馨兰一握，纵横宙合雾千重。

眼中战国成争鹿，海内人才孰卧龙？

抚剑长号归去也，千山风雨啸青锋。

——〔清〕康有为《出都留别诸公》

维新变法

《马关条约》签订后，举国哗然，群情激愤。甲午战争带来的奇耻大辱，激怒了国民，有良知的知识分子们纷纷要求改革政治、振奋图强。

当时，在北京参加科举会试的康有为（1858—1927）、梁启超（1873—1929）发动举子们联名上书，要求清政府拒和、迁都、变法。18个省的1200多名举人推举康有为起草奏书。康有为挥笔一天两夜，完成了1.8万多字的《上皇帝书》。1895年5月2日，都察院拒绝接受这份联名上书。但是，这场震荡社会的"公车上书"[①] 依

[①] 公车，汉代官署名，是掌管官中南阙门（司马门）的警卫，同时负责吏民上章、四方贡献等接待和转达工作。后也代指举人进京应试、上书言事。

然拉开了清王朝变法的序幕。

康有为是广东南海县丹灶苏村人,生于官僚家庭,自幼学习儒家思想,同时吸取了西方的进化论和民主政治思想。1888年10月,康有为进京参加乡试,第一次起草了上光绪帝的万言书,提出"变成法、通下情、慎左右"的变法主张。虽然无人敢将他的万言书上奏皇帝,但是康有为却因此声名鹊起。

随后,康有为在广州、桂林等地聚徒讲学。1891年,开始撰写《新学伪经考》。其间,17岁的梁启超投到康有为门下,开始探索挽救祖国危亡的变法维新之术,并协助康有为撰成《新学伪经考》,还组织编写了《孔子改制考》等变法典籍。

公车上书当年,康有为考中进士,授职工部主事,有了向皇帝上折的机会。1895年5月到1898年1月,康有为数次上书光绪,要求变法。这期间,康有为还创办了《万国公报》,宣传"新法之益";与帝党中开明的官僚文廷式、陈炽等人创立强学会,创办《强学报》,并在北京、上海、湖南等地设立学会、报馆,为维新变法造势。

在康有为的影响下,谭嗣同(1865—1898)积极响应变法,研究变法理论,著成《仁学》;倡言"誓杀尽天下之君主使流血满地球,以泄万民之恨",反对封建专制制度,强调个性自由解放。1897年,应湖南巡抚陈宝箴之邀,谭嗣同在长沙设立事务学堂,创办《湘学新报》,推动湖南维新运动的迅速发展。

在维新派的影响下,光绪也决心变法图强。此前,洋务运动大张旗鼓地搞了30多年，办工厂、设电报、建海军、修铁路、造轮船、派出留学生等等，都没离开过慈禧的支持。但是，洋务运动却没有经受住甲午战争的考验，甲午战争的惨败宣告了洋务运动的终结。当光绪提出变法图强时，慈禧并没有反对。慈禧很清楚，变革是必要的。

1898年6月11日，在康有为梁启超、谭嗣同等人的推动下，光绪迫不及待地开始实施变法行动，颁发了《明定国是》诏书，宣布变更旧法，博采西学，"以救空疏迂谬之弊"。随后的103天中，光绪颁布了100多道新政诏书，有时甚至在一天内下发11道谕旨，令人眼花缭乱，史称"百日维新"。

新政的内容涉及政治、经济、文化教育、军事等很多方面。

政治方面：主张精简机构裁撤官员；任用新人；在一定程度上开放言论、出版、结社的自由；准许开设报馆，组织学会。

经济方面：奖励兴办农会、商会；鼓励商办铁路、矿务；在各省设立商务局以促进资本主义经济发展，提倡实业。

文化教育方面：废除八股，兼习中西学；设立京师大学堂及省、府、县地方学堂。

军事方面：裁减旧军，编练新式海陆军；精简机构，提高行政效率；废除弓、刀、矛等传统兵器，改用枪炮。

当光绪真正挥舞着权杖指点江山时才发现，自己的统治地位尚未稳定，诸多朝臣仍然听命于慈禧，对于光绪的指令置若罔闻。于是下谕裁撤官员，任命维新派谭嗣同、刘光第、林旭、杨锐四人在军机章京上行走,参与新政事宜,辅佐光绪。军机章京有"小军机"之称,地位十分重要。加上所有新政奏折都交由他们审阅,所有新政谕旨,都由他们撰拟,军机处的实权已被光绪暗中剥夺。

光绪疾风骤雨式的变革举措,令整个社会应接不暇而为之动荡,同时,变法触动了后党集团的利益,挑战了慈禧的权威,更惹怒了慈禧。守旧势力为了维护既得利益,暗中密谋奏请慈禧中止变法。慈禧也因光绪的变革革到自己头上,而决定不再坐视不理。

6月15日,在《明定国是》颁布的第4天,慈禧迫令光绪降旨,以"渐露揽权狂悖情状,断难胜枢机之任"为由,将重臣翁同龢"开缺回籍"。撤掉光绪的主心骨,打击帝党势力。同时,打破太后归政后不再接见官员的惯例,命二品以上大臣到慈禧太后面前谢恩。慈禧又将督抚、将军、提督、总兵、尚书、侍郎等高级官员的任命大权收回手中,随即任命亲信荣禄为"直隶总督",统率驻扎在北京地区的董福祥的甘军、聂士成的武毅军、袁世凯的新建陆军。京畿一带的军权统归慈禧控制。

慈禧的反应迅猛激烈,出乎光绪的预料,但是,光绪不肯退缩,继续大力推行变法。不久,京城出现慈禧准备"换皇上"的传闻。

9月14日,光绪向慈禧提出开懋勤殿以议新政,并接受康有为的建议,准备选举英才,邀请外国政治家共议国事。光绪的请求遭到慈禧的反对和怒斥。光绪顿感不寒而栗，因为京城早有慈禧要换皇帝的传闻。加上11月间要与慈禧同赴天津阅兵，光绪觉得慈禧将对他下手，帝位难保。

9月15日，光绪密诏杨锐、林旭、刘光第、谭嗣同等人火速筹议良策。经过一番密谋，康有为向光绪举荐了手握兵权的袁世凯。

9月16日，光绪召见袁世凯，破格赏袁候补侍郎，专办练兵，并暗示他可不受荣禄节制。随后，谭嗣同还秘密游说袁世凯，要他"杀荣禄，除旧党"。袁世凯口头上答应，内心却在反复权衡利弊。光绪召见袁世凯的做法引起慈禧的不满，二人之间的分歧越来越大，京津气氛为之紧张。

这时，日本前首相伊藤博文来华游历。他的到来，被维新派看成是救命稻草，光绪决定会见伊藤博文，希望伊藤博文能为他指点迷津，帮助他走出困境。与此同时，守旧势力与后党大臣已经秘密运作，密折奏请慈禧"即日训政"，怂恿慈禧实施"政变"，并指出要防止维新党同日本人勾结。

9月20日，光绪会见伊藤博文。9月21日凌晨，慈禧开始行动。首先，将光绪囚禁在中南海的瀛台，帝位瞬间形同虚设。为了保全自身，袁世凯见风使舵，出卖维新派，供出了他们的密谋。随后，步军统领衙门到处搜捕维新志士。维新派主要人物康有为、梁启超避居日本。谭嗣同认为"不有死者，无以召后起"，拒绝流亡，决心留在北京，与其他变法人士一同就义。

9月28日下午，谭嗣同、刘光第、林旭、康广仁、杨深秀、杨锐六位维新志士，在菜市口被杀，时人誉为"戊戌六君子"。参与变法的约40名官员被革职，除了京师大学堂，"百日维新"的政策均遭废止。轰轰烈烈的变法运动以失败告终。

清朝兵，太稀松。见了洋人就害怕，见了百姓可真凶。

清朝太无能，洋人当祖宗。多少财宝送了情，卖国人儿高官升。

义和团，真勇敢，不怕枪炮和子弹。一心只想灭洋人，顶着枪子往上蹿。

大师兄，砍洋头；二师姐，杀官兽。打倒洋和官，百姓有盼头。

皇上向我们要粮，鬼子向我们要宝；就凭我们的大刀，粮宝倒有全不交。

——清代诗歌、民间歌谣

义和团运动

正当维新派满怀激情救亡图存之时，西方列强却争先恐后地向中国伸出扩张之手，明目张胆地掀起了瓜分中国的浪潮。

1896年至1899年，英国占据了长江流域，强租威海卫为军港，强占九龙半岛和香港附近的各岛屿。法国割去云南省一部，占领广州湾（今湛江满港）为军港；攫取云南、广西、广东三地的开矿优先权。西藏、东北、蒙古被沙俄划为势力范围。德国把山东变为势力范围。日本在《马关条约》之后，又逼迫清政府割让福建。美国在忙完美西战争之后，向中国提出"门户开放"的政策，要求实行利益均沾，共同分享各国在中国取得的一切侵略特权和利益。美国的"门户开放"政策和要求得到了英国的支持。

西方列强不发一枪一弹，依靠恐吓威胁划分了在华的侵略基地，还互相承认各自的"势力范围"。

西方列强不仅在中国占地、通商，一些传教士还以传教为名从事着间谍活动，制造事端以勒索清政府，成为列强瓜分中国的急先锋。对此，清政府不仅不制止，还于1899年拟定《地方官接待教士章程》，授予传教士各种特权。

在清政府的纵容下，各国教会逐渐形成势力，甚至恶意发展教徒，一些无业游民、市井无赖也趁机入教，利用教会的庇护，仗势欺人。在这种历史背景下，各地民众纷纷组织起来，举行反洋教运动。义和团运动随之而起。

义和团，原名义和拳，初为倡导"反清复明"的秘密结社，随着反洋教斗争的持续高涨，义和拳便把斗争的矛头直指列强，义和拳的宗旨也转向"扶清灭洋"。义和拳的成员以农民为主，没有严格的组织机构。

1898年11月，山东冠县的赵三多、阎书勤等拳民竖起"扶清灭洋"大旗，攻打当地教堂，揭开义和团运动的序幕。随后，邻近的茌平、禹城、平原一带的义和拳也纷纷响应。1899年，茌平拳民首领朱红灯、禹城拳民首领心诚和尚分别率领拳民在山东西部和西北部开展反洋教斗争。

对于山东省各地义和拳的反洋教斗争,山东巡抚张汝梅建议清政府改义和拳为团练,以便控制,并将义和拳改名为义和团。毓贤继任山东巡抚后,仍不主张镇压义和拳,并默许他们设场练拳,给了义和拳充分发展的空间。不久,山东各地的大刀会、红拳会以及其他秘密结社的成员也纷纷加入义和团,使其成为具有广泛群众性的"灭洋"团体。

由于义和团的斗争直指外国教会势力,1899年12月,清政府迫于列强的压力调回毓贤,任命袁世凯为山东巡抚,镇压义和团民众,义和团运动迅速转移到直隶一带。

这时,清廷内部对于义和团存在两种意见,分成主剿派和招抚派。主剿派认为,应该尽快清除内乱,不给列强武力干涉内政的借口;而招抚派则强调利用义和团对付列强,阻止列强干预慈禧继续"训政"。

由于左右政局的后党骨干端郡王载漪、军机大臣刚毅等人多为招抚派,慈禧也就默认了义和团的存在。慈禧对义和团的默许,是因为英、美、日等列强干预了她立嗣、"训政"一事。

自从光绪被慈禧囚禁之后,慈禧便想方设法取消光绪的帝位。为了继续独揽朝政、延续"训政"地位,慈禧接受荣禄的建议,以光绪无嗣为由,决定立端郡王载漪之子溥儁为太子,意图在适当的时候废黜光绪。慈禧的主张遭到英、美等国驻华公使的反对,慈禧大为不快。

在清廷的默许下,义和团顺利进入北京发展。不仅普通百姓加入了义和团,许多清军官兵也归附了义和团的信仰。义和团很快遍及直隶(今河北)、河南、山西、内蒙古、东三省等地,尤以京津一带声势浩大。义和团运动的兴起与壮大,极大地打击了各国列强的嚣张气焰,但是,不久也给清政府带来了大麻烦。

沧海惊波百怪横,唐衢痛哭万人惊。

高峰突出诸山妒,上帝无言百鬼狞。

岂有汉庭思贾谊,拼教江夏杀祢衡。

陆沉预为中原叹,他日应思鲁二生。

——〔清〕康有为《出都留别诸公》

八国联军入侵

义和团在清廷的庇护下迅猛发展,坐立不安的列强决定自己动手铲除威胁。1900年5月,美、英、法、德四国驻华公使照会清政府,敦促清廷镇压义和团。同时,英、美、法、日、俄、意等国召集400多名军人,组成了使馆卫队,于5月底、6月初分两批携炮自天津乘火车进入北京,进驻东交民巷。随后,集结军舰24艘于大沽口外。6月10日,英国海军中将西摩尔率领由英、俄、日、法、德、美、意、奥八国拼凑的2300余人组成的联军,从天津向北京进犯,发动八国联军侵华战争。

消息传来,京津铁路沿线各村庄的义和团立即行动起来,拆毁路轨,阻击八国联军。侵略军只好边修铁路边前进,从天津到北京,乘火车只需几小时,但在义和团的顽强阻击下,侵略联军走了4天才到廊坊。联军刚到廊坊,铁路就被义和团破坏,在清军董福祥部与义和团的联合攻击下,西摩尔的联军沿河退回天津。

与此同时,另一支联军队伍在俄国海军中将基利杰勃兰特的指挥下,乘10余艘兵舰,悍然从海面和炮台后侧向大沽炮台发起猛烈攻击。6月17日,清将罗荣光率领守卫炮台的官兵奋勇抵抗,开炮还击,经过6个小时的激战,终因寡不敌众失守。八国联军从大沽登陆,打开了进攻天津和北京的门户。

6月16日至21日,慈禧召开四次御前会议,讨论对外宣战的问题。21日,慈禧下令,对八国宣战,命令清军与义和团众联合作战。慈禧希望利用义和团的力量打击列强,巩固她的统治地位。

义和团与清政府联合对外作战的消息,鼓舞了各地民众反抗侵略的斗争热情。直隶全省、顺天府所属34州县,几乎全部投入斗争;山西50多个州、厅、县,拆毁教堂90余处;蒙古、山东的民众愤起拆毁大小教堂;东北地区的群众拆毁沙俄在奉天境内强修的铁路,焚毁吉林、长春、呼兰等处教堂;河南、江西、云南、四川、广东等地群众捣毁法、英、美、德教堂60多处;浙江秘密结社群众毁教堂、杀教士;湖南、安徽、江苏、福建、广西、甘肃等地出现义和团揭帖,号召进行反教会斗争。

7月9日,八国联军进攻天津城南的八里台,受到聂士成等守军的抗击。终因弹药不支、损失惨重,聂士成英勇殉国,八国联军占领八里台后,全力进攻天津城。

7月12日,八国联军的各路增兵约1.4万人陆续抵达天津。

233

13日凌晨，八国联军兵分两路向天津旧城发动总攻。义和团和淮军英勇抵抗，但没能守住天津，14日天津失陷。

八国联军攻占天津后，立即在天津成立了殖民统治机构——都统衙门，由俄、英、日三国军官充当首领，统治天津、静海和宁河等地区。随后，各国继续增兵向天津集结，准备进攻北京。

为了逼迫列强们停止进攻，1900年6月18日，端郡王载漪请攻使馆，得到慈禧太后批准。两天后，清军联合义和团围攻东交民巷的外国使馆。在炮火连天之际，义和团成员依然相信口念咒语、打神旗、泼狗血是最有效的武器，可以神功护体、刀枪不入。而使馆区内联军以400多兵力，凭借着坚固工事及新式枪炮全力回击。

当时，慈禧身边的后党在对待义和团问题上意见并不一致，以端王载漪为代表的皇族派是义和团的坚定支持者，主张肃清外国势力，而荣禄等人则反对围攻使馆。因此，手握重兵的荣禄在开战后，只是佯攻使馆实则暗中保护使臣。当事人之一美国公使夫人萨拉·康格后来回忆说："很奇怪，清军总是喜欢在晚上发动进攻，而将那些炮弹打向月亮。"

战事开始不久，坚持主战的慈禧看到列强各国增兵来华，又开始动摇。同时，清廷联合义和团围攻东交民巷后，东南各省督抚公开抗命，宣称凡6月20日后的"宣战"与"招抚"上谕都是"矫旨"，概不奉行，因为东南各省的督抚多主张镇压义和团。6月26日，两江总督刘坤一和湖广总督张之洞与各国领事在上海议定了《东南互保约款》和《保护上海厢内外章程》。规定上海租界归各国共同保护，长江及苏杭内地中外商民人命产业均归各督抚保护，各口岸的外国兵舰照常停泊。条约维护了列强在东南沿江沿海的利益，东南各省也在维护各地秩序方面得到了列强的保证。双方都集中兵力镇压义和团。

清朝廷意见不一，政策游移不定，而围攻使馆战役也只是做些表面工作。最终，慈禧下令停止攻击使馆，继而派人给各国使馆送去米面、蔬菜、瓜果等物品，又派荣禄前往各使馆慰问，反过来伺机镇压义和团。

8月4日，八国联军出动1.8万多人从天津沿北运河向北京进发。5日，联军攻占北仓，6日攻占杨村，9日攻占河西务镇，13日攻占通州，打开了进入北京的门户。

14日凌晨，俄国侵略军为了抢占"首功"，先于联军进攻东便门、占领建国门。日军见俄军已攻城，随之进攻齐化门（今朝阳门）。英军打开广渠门，进入东交民巷的使馆区。联军相继进入北京城内。8月15日晨，八国联军进攻皇城东华门。

面对联军的进逼，慈禧没有采取积极的应对措施，而是带着光绪及十余位王公大臣，在数百名清军的护卫下，仓皇从西华门逃到德胜门，转经西直门逃出北京城，一路奔向西安。八国联军占领北京。

联军进入北京城后，无恶不作，公开抢劫三天，使北京城继第二次鸦片战争之后，再次遭到空前的浩劫。日军从户部银库抢去300万两银子后,将库房烧毁;法国兵把颐和园的珍宝、文物,用骆驼运往天津。

8月24日,慈禧在逃亡途中颁布上谕,催促议和全权大臣李鸿章立即从上海赶回北京,会同庆亲王奕劻与列强迅速和谈。9月7日,慈禧又颁布"剿匪"上谕,命官兵镇压义和团。不久,慈禧发现列强并没有强迫她交权的意图,只是要追究纵容义和团的祸首。9月25日,慈禧宣布惩处放任义和团的载漪、载勋、刚毅和赵舒翘等亲贵重臣;加派刘坤一、张之洞参与和谈,希望尽快结束战争。

八国联军攻占北京城之后,沙俄政府看出清政府无暇顾及东北,于1900年7月16日,制造了海兰泡惨案。居住在海兰泡的6000名中国人几乎全部被俄军惨杀,泅水逃生的不到百人。21日,俄军又把"江东六十四屯"的中国人赶至黑龙江边枪杀、砍死或淹死。俄军一路烧杀掳掠,先后占领齐齐哈尔、吉林、辽阳,并于10月1日进入盛京(沈阳)。

劫掠北京之后,八国联军还继续南犯保定,北侵张家口,西扰娘子关。所到之处,尽成废墟。

对于清廷的和谈要求,列强们各打各的算盘,在瓜分中国利益上互不相让,矛盾重重。慈禧则决定不惜一切代价求和,只要列强同意她继续对清朝的统治,任何条件都可以接受。经过争辩之后,列强们也认识到,维持现状是平衡各自利益的最好选择。

12月24日,列强们提出所谓的"议和大纲"12条,由奕劻、李鸿章电告西安的慈禧，获得批准。

1901年9月7日，清政府与英、法、日、俄、德、美、意、奥、西、比、荷11国代表在议定书上签字。当年是辛丑年，故名《辛丑条约》。

《辛丑条约》是空前的卖国条约，使中国彻底沦为半封建半殖民地社会。条约规定：中国向各国赔款海关银总计4.5亿两，分39年还清，年息4厘，本息合计98223万两；在京设立使馆保护区，由各国驻兵，中国人不准居住；拆毁大沽炮台以及从大沽到北京的沿路炮台，准许各国在从天津到山海关的铁路沿线战略要地驻兵；清政府严厉镇压中国民众的一切反帝活动，禁止建立或加入反帝组织，"违者皆斩"；总理衙门改为专办外交事务的外务部。

山河同敝屣，羡废子传贤，陶唐妙理。禹汤无算计，把乾坤重担，儿孙挑起。千祀万祀，淘多少英雄闲气。到如今故纸纷纷，何限秦头楚尾。

——〔清〕郑板桥《瑞鹤仙·帝王家》

清末新政

八国联军入侵中国，令清政府威风扫地；《辛丑条约》的签订，更使民怨四起。清朝统治者也感受到了前所未有的政治压力，政权发生动摇，财政千疮百孔，国家机器——政府和军队，已无力控制局势。为了继续维护统治、平复民愤，1901年1月，慈禧以光绪的名义宣布实行"新政"。虽然政令均以光绪的名义发布，但是，光绪的帝位已形同虚设，政权、皇权依然被慈禧操控。

4月21日，清廷设立总揽新政的机关"督办政务处"，由庆亲王奕劻、李鸿章、荣禄、王文韶、鹿传霖等重臣为督办政务大臣，刘坤一、张之洞（后又增加袁世凯）为参与政务大臣，推行新政。

1901至1905年，清政府先后发布30多项改革措施，内容主要有四个方面：

政治方面：改革官制，裁减冗衙，整顿吏治，停止捐卖官、停止捐纳武职。改革《大清刑律》，废除了凌迟、枭首等酷刑。

军事方面：扩编新军，按西洋营制编练新式"常备军"。在北京设立练兵处，总管全国练兵事宜。清政府预计在全国编练新军36个镇①，在一定程度上加强了清朝的军事实力。到1911年，全国编练新军14个镇，18个混成协（旅），约17万人。其中，直隶总督袁世凯统辖的"北洋常务军"有6个镇，每镇约12500人，成为当时最大的军阀。

经济方面：设立商部，振兴商务，颁布工商业规章和奖励实业办法，促进民族工商业的发展，推动社会经济的繁荣。清政府放松了对私营企业的法律限制，促进了工商业的繁荣。设厂开矿的实业热潮再度兴起，城市化的进程也有所加速。人员流动的自由度也随之放宽，经商、求学、谋生，甚至享乐的人更多地涌向城市，各种资金、多元文化和大量人口汇集于城市，新型的城市日益发展起来。

教育方面：设立学部，专管全国学堂事务。废除了中国从隋文帝时期兴起、历经了一千三百年的科举制度，改革兴办新式学堂，规定"各省办理学堂员绅，宜先派出洋考察"，"中学堂以上各学堂、必勤习洋文"，鼓励出国留学。在新政的推动下，学子们难掩强烈的求知欲，全国出现了留学热潮。1901年之后，全国以

---

① 当时的新军编制为镇、协、标、营、队、排、棚，相当于后来的师、旅、团、营、连、排、班。

赴日留学为主。1903年留日学生为1300人，到1905年，激增到8000人，1906年达到12000人。一批新式知识分子顺势而起，对推动资本主义思想文化的传播和发展起到了积极作用。

推行"新政"需要财政支持，特别是扩编新军耗资巨大。而《辛丑条约》之后，清廷已被赔款和外债压得喘不过气来。迫于形势，清政府允许地方官府自行筹款，给予地方更多的政治自由，在一定程度上增加了社会活力。但是，因为财政开支浩大，清廷逐年向各省加派税费，各地转而巧立名目、多方搜刮，导致财税紊乱，贪污横行，百姓生活陷入灾难之中。

在对内推行新政的同时，清政府对外采取亲善政策，但是，麻烦仍然不断。

《辛丑条约》签订后，兵霸东北的沙俄拒不按期撤出。1903年，沙俄不仅违约不撤，反而增派军队企图长期占据东北，由此激起了全国范围的拒俄运动。1904年2月，一场以中国辽东半岛为主战场的日俄战争爆发，保持中立立场的清朝政府容忍着这场战火燃烧了近一年的时间。

而美国政府曾经为了开发西部，从中国诱骗了数十万华工去美国做工。但到了19世纪70年代后，美国出现经济危机，资本家们为了转移工人们的斗争视线，将矛头直指华工，制造出抢饭碗之说，迫害华人，公然掀起排华浪潮，由此激起中国人民的极大愤慨。1905年，国内掀起抵制美货的爱国运动。

1903年起，列强们在中国强行掠夺开矿权和筑路权，中国人民又掀起反对列强控制我国铁路、矿山的收回利权运动。

在各种反对列强的斗争中，民众对清廷的腐败无能越来越无法容忍，对清朝统治者失去了信心，仁人志士纷纷走上反清道路，曾经风起云涌的维新改良思想逐渐被新式的反清革命思想所取代。1903年4月，邹容写成《革命军》一书，风行全国。同年，陈天华在日本出版《猛回头》《警世钟》。1905年，孙中山在日本东京成立中国同盟会，首次公开提出"三民主义"。革命思想在新式知识分子中广泛传播，并且逐步深入民心。革命派人士发起推翻清王朝的武装暴动，掀起拯救民族危亡的革命运动。

这时，日俄战争结束，日本获得了对清朝满洲及朝鲜的控制权，攫取了沙俄在中国辽东半岛的一切权益，夺取了库页岛南部。在世人看来，日本的强盛源于1889年颁布了《大日本帝国宪法》和召开民选国会，实行了君主立宪制，从而推动日本走上了资本主义发展道路；日本对俄战争的胜利也是君主立宪对皇权专制的胜利。日本的强国成功经验，极大地刺激了有识之士的立宪欲望。于是，在立宪人士奔走呼喊和革命运动的双重压力之下，清朝政府不得不尝试进一步改革。

正当离乱世,莫说艳阳天。地冷易寒食,烽多难禁烟。

战场花是血,驿路柳为鞭。荒垅关山隔,凭谁寄纸钱?

——〔清〕李渔《清明前一日》

宪政改革

1905年9月,在立宪派的推动下,清廷派遣镇国公载泽、户部侍郎戴鸿慈、军机大臣徐世昌、湖南巡抚端方、绍英等5位大臣出国考察。

9月24日,五大臣准备在北京火车站启程之时,革命党人、光复会成员吴樾怀抱炸药候在北京车站试图炸死五大臣,结果吴樾被炸死,载泽、绍英受轻伤。

爆炸事件导致五大臣出国一事延期。军机大臣徐世昌、绍英二人打消了出国念头,清政府便改派驻日公使李成铎、山东布政使尚其亨与其他三人同行。

1906年7月,在历经6个月,访问14个国家之后,五大臣回国。通过亲眼所见、亲耳所闻,五大臣初步认识到专制封闭是中国落后的根源,中国之所以落后挨打,"实以仍用专制政体之故"。五大臣向慈禧、光绪呈递了主张立宪的《奏请宣布立宪密折》,陈述了实行立宪的三点好处:一为"皇位永固";二为"外患渐轻";

三为"内乱可弭"。建议从改革官制入手，预备立宪。

8月27日、28日，清廷的王公大臣们开始就立宪一事进行辩论，立宪派与守旧派激烈争论，立宪派以压倒性优势获得胜利。

9月1日，清廷发布了"预备仿行宪政"的上谕。"预备立宪"，主要涉及三个方面：一、行政改革，主要是官制改革；二、设立"宪政编查馆"和"资政院"及各省"咨议局"；三、实行地方自治，府厅州县和城镇乡尝试建立地方自治制度。

如果完全遵照上述内容进行改革，清廷势必要放弃大部分统治权，这显然不是慈禧等人愿意接受的。于是，清朝廷又以"规制未备，民智未开"为由，将实行"宪政"的期限向后拖延。

然而，立宪派的热情却高涨不减。立宪派主要是资产阶级工商业者、部分知识分子和改革派官僚。在他们的推动下，各种立宪团体纷纷成立，大肆鼓噪立宪舆论，形成极强的舆论氛围。在立宪派的催促下，改革不得不进行。但是，既得利益者为了不使皇权旁落，1907年，清政府第二次派遣考察宪政大臣赴日本考察。皇亲国戚们认为，日本的国情及其维新举措要比欧美诸国更合乎中国的需求，日本君主立宪制的政体更容易被接受，于是，制定的钦定宪法大纲基本照搬了日本的成文法规。

但是，皇权掌控者所谓的立宪改革只是将原来的官制换了名称，机构裁并了职能重叠的礼仪部门，增设些体现近代社会管理色彩的新部门而已。这种维护皇权的做法引起了立宪派的强烈不满。

清政府被迫继续改革。7月,清政府令各省筹办咨议局,议定本省行政兴革、预算、决算、税法等事件,以供督抚采纳。9月,清政府设置资政院,并按照"三权分立"的模式,尝试了以资政院主持立法、内阁总揽行政、法部提理司法的机构设置。但是,对召开国会则再拖延、敷衍。为了推动清廷立宪的步伐,1908年8月,各省咨议局议员代表进京,联名上书,要求缩短立宪预备年限,在三年内召开国会。

9月,在舆论的压力下,慈禧召集王公大臣宣布:设立9年的立宪预备期,届时召开国会,实行立宪;同时公布了《钦定宪法大纲》,规定"大清皇帝统治大清帝国万世一系永永尊戴"。大纲共23条,其中14条规定"君上大权",9条规定"臣民权利义务"。大纲还给了臣民一些权利,比如,"臣民于法律范围以内,所有言论、著作、出版、结社等事准其自由";"臣民非按法律所定,不加以逮捕、监禁、处罚"等。至于立法、行政、司法、经济、军事等大权仍由君主掌握。

就在清廷对立宪问题踌躇不前之时,革命浪潮已席卷全国各地。清朝统治内部也发生了重大变故。1908年11月14日、15日,光绪、慈禧先后去世。光绪无子;慈禧在临终前,用光绪的名义颁布了"遗诏",传位给醇亲王载沣的3岁幼子溥仪,载沣以摄政王的身份执掌朝政。同时,最不受光绪待见的隆裕皇后被尊称为隆裕皇太后,因要抚养溥仪,也实行垂帘听政。但是,隆裕生性柔懦,又无政治野心,因此,垂帘听政只是个形式。溥仪即位后，改次年（1909）为宣统元年。

　　载沣是光绪的胞弟，时年25岁，虽然无执政经验，学识也有限，但是，作为既得利益者，载沣是坚定的保守派。上台后，载沣重用满人，以增加皇族实力，将控制北洋六镇新军的袁世凯贬回老家，收取汉官权力，以抵挡以汉人为首的革命浪潮。同时，重申自己坚持立宪的宗旨，试图稳定局势。而此时，清政府的中央政权早已经与地方政治势力形成一股对抗力量。

　　载沣虚张声势地主张立宪，却迟迟不见行动。各省立宪派再度掀起请愿运动，1910年1月、5月、10月三次上书请愿，都被清廷统治者强硬拒绝。

　　为了应付立宪派，1911年5月，清廷推出以奕劻为总理大臣的责任内阁。13名国务大臣中汉族官员只有4人，其余9人都是满族，其中7人是皇族成员，因此被称为皇族内阁。而宪政改革推动设立责任内阁的目的就是限制皇权，显然这个刚刚成立的责任内阁违背了立宪原则。因此，皇族内阁一经推出，立即浇灭了立宪派参与国政、挽救危亡国度的热情，清廷的预备立宪也成了一场公然的骗局。

　　清朝统治者全然不知，皇族内阁的推出，标志着立宪运动彻底失败，让立宪派人士决心抛弃清廷，向革命派靠拢，从而扩大了反清阵营。

海水桑田欲变时，风涛翻覆沸天池。

鲸吞蛟斗波成血，深涧游鱼乐不知。

——〔唐〕白居易《山中五绝句·涧中鱼》

武昌起义

1911年5月，清政府颁布"铁路国有"政策，决定把原来商民合办的粤汉、川汉铁路修筑权收归国有，再向英、法、德、美四国银行团借款，实施"借款兴办"。实际上是借铁路"国有"名义把铁路权出卖给列强。

不料，"铁路国有"政策竟成了清王朝走向灭亡的导火索。

当时，铁路已由商民合资修筑，许多官绅、商人、地主，甚至农民都购买了股金。清政府颁布"铁路国有"政策以后，拒不归还股民的股金，等于没收股民的合法财产。这使得湖南、湖北、广东、四川各阶层民众愤怒不已，从而掀起了轰轰烈烈的保路运动。各地纷纷建立保路同志会，参加人数达10万余人。这时，孙中山领导的同盟会也渗透到群众中去，借保路运动之势开启了一场武装推翻清王朝的运动。

早在1894年11月，孙中山就在美国檀香山创立了中国第一个资产阶级革命团体——兴中会，明确提出"驱除鞑虏，恢复中华，创立合众政府"的革命目标。而流亡海外的康有为、梁启超等人却跳不出忠君的樊篱，反对推翻清朝的统治。1899年7月，康有为在加拿大建立"保救大清光绪皇帝会"（简称保皇会），反对孙中山以革命手段改变中国。资产阶级民主派愤而发起舆论攻势，批驳保皇派，唤醒更多民众的革命意识。

随后，革命组织在全国各地相继成立。1904年2月15日，湖南革命团体在长沙成立了"华兴会"，黄兴为会长，宋教仁、刘揆一为副会长。1904年7月3日，革命志士刘静庵、张难先、吕大森等在湖北武昌成立了科学补习所。1906年，刘静庵在科学补习所基础上，组织成立了革命团体"日知会"。1904年11月，蔡元培、陶成章等人在上海成立了"光复会"，蔡元培为会长，陶成章、徐锡麟、秋瑾、章炳麟、龚宝铨等人为骨干，该会除主张利用文字宣传外，更以暗杀和暴动作为主要革命手段。此外，福建、安徽、江西、江苏、陕西、四川等地也自发成立了革命团体。

1905年8月20日，孙中山联合兴中会、华兴会和光复会等革命团体的部分成员，邀请来自17个省的留学生70余人在日本东京正式成立了中国同盟会。大会通过了《同盟会章程》；确定了"驱除鞑虏，恢复中华，创立民国，平均地权"的宗旨；选举孙中山为同盟会总理；根据"三权分立"的原则在总理之下设执行、评议、司法三部，执行部主持同盟会的日常工作；总部设在东京，各机构的主要成员有章炳麟、程家柽、田桐、邓家彦、汪精卫、宋教仁等。在国内分设东（上海）、西（重庆）、南（香港）、北

247

（烟台）、中（汉口）5个支部；海外分设南洋、欧洲、美洲、檀香山4个支部。

10月，同盟会创办了机关刊物——《民报》，孙中山在该报发刊词中将同盟会的十六字纲领归结为"民族、民权、民生"三大主义，即"三民主义"。

此后，经过几年的努力，同盟会的分支机构迅速发展到两广、福建、浙江、贵州、湖南、湖北、江西、江苏、安徽、山东、陕西、山西、河南、港澳、京津等各地，海外发展到新加坡、马来西亚、菲律宾、澳大利亚、美国、加拿大、古巴、秘鲁等地。

早在同盟会成立之前，革命党人已经尝试过发动武装起义，夺取政权。同盟会成立后的6年间，资产阶级革命派加大了反清武装起义的力度，其中规模较大的有9次起义：1906年12月，同盟会成立后首次在江西萍乡、湖南浏阳、醴陵发动起义；1907年5月，革命党人在广东潮州府饶平县、黄冈镇起义；6月初，广东惠州七女湖爆发起义；9月初，革命党人王和顺等在广东防城（今属广西）起义；12月初，广西镇南关（今名友谊关）起义；1908年3月，黄兴在广东钦州（今属广西）发动马笃山起义；4月，革命党人在云南河口发动武装起义；1910年2月，广州新军首次起义；1911年4月27日，孙中山和黄兴在广州发动了黄花岗起义。

遗憾的是，这些起义都失败了，原因是缺乏充分的群众基础，发难时机不够成熟。但是，频繁的革命武装起义还是唤醒了广大民众拯救民族危亡、捍卫民族尊严的意识。同时，革命派也开始在清廷的新军和武备学堂中发展成员，逐渐充实了革命组织。

当时，各地保路运动也在如火如荼地展开。其中，四川的保路运动发展为民众抗粮、抗税的斗争。四川总督赵尔丰对民众进行了血腥镇压，促使四川的保路运动发展为武装起义。眼看形势恶化，清廷急调端方率湖北新军远赴四川镇压，导致湖北防务空虚。

9月24日，湖北的革命党组织——共进会、文学社乘机决定在10月6日发动武装起义，推举文学社社长蒋翊武为临时总司令，共进会领导人孙武为参谋长。后因准备不足而推迟到10月11日。不料，10月9日，孙武在汉口俄租界装配炸药时不慎爆炸，被俄国巡捕搜到文告、旗帜等物，计划暴露。湖广总督瑞澂下令全城戒严，大肆搜捕革命党人。危急关头，新军里的革命党人决定提前起义。

10月10日晚8点左右，武昌打响了革命的枪声。翌日黎明，起义军占领了武昌，并迅速攻取了汉口、汉阳，控制了武汉三镇。武昌起义取得了胜利。

随后，参加起义的革命党人聚集在一起，商议建立军事机构。由于革命党人自认为"资望"不够，决议选一位资望较高的人担任首领，最后推举新军第二十一混成协统领黎元洪为湖北军政府都督。黎元洪在武昌起义之后曾与革命党人交火，后躲藏在一个管带家中。武昌起义胜利后，被革命党人用手枪逼着坐上了军政府都督的位子。

湖北军政府成立后，废除宣统年号，改国号为"中华民国"。在随后的一个多月内，湖南、陕西、江西、山西、云南、浙江、贵州、江苏、安徽、广西、四川、山东等14省和上海先后起义，建立军政府，宣布独立，脱离清政府。革命的浪潮迅速席卷了中国大地，清政府陷入土崩瓦解之中，清王朝的丧钟敲响了。

力拔山兮气盖世,

时不利兮骓不逝。

骓不逝兮可奈何,

虞兮虞兮奈若何!

——项羽《垓下歌》

清王朝灭亡

武昌起义的消息传到北京,清政府命陆军大臣荫昌率领两镇北洋陆军前往增援。然而,两镇北洋陆军的将领几乎都是袁世凯的心腹,荫昌指挥不灵。四面楚歌的清政府不得不重新起用袁世凯。

1911年10月14日,清廷谕令袁世凯为湖广总督,督办抚剿事宜。此时,已"隐居"河南彰德(今安阳市)的袁世凯却不急于应命,这一天他已经等了很久,他要充分利用这次机会爬上更高的权位。袁世凯借口"旧患足疾,迄今尚未大愈",拒不出山。清廷不得不派徐世昌前往彰德试探袁世凯"出山"底线。袁世凯提出答应六条要求,才肯出山,为清政府解围,即:明年即开国会;组织责任内阁;宽容参与此事件诸人;解除党禁,授予他指挥水陆各军及军队编制大权;供给充足的军费。

火烧眉毛之际，清政府答应了袁世凯的要求，任命他为钦差大臣，统率赴武昌前线的水路各军。随后，袁世凯进驻湖北督率北洋军，11月1日攻下汉口，对湖北军政府形成威压之势。

此前，10月27日，驻防滦州第20镇统领张绍联合第二混成协统领蓝天蔚等人已电奏清廷，要求立即召开国会、组建责任内阁、改定宪法、取消皇族内阁、赦免国事犯等12条。10月29日，山西新军起义，阎锡山被推举为军政府都督。10月30日，昆明新军起义，蔡锷任军政府总督。10月31日江河日下的清廷颁布"罪己诏"，表示要"维新更始，实行宪政"。

11月1日，奕劻奏请辞职，袁世凯被任命为内阁总理大臣。11月8日，资政院召开会议，正式选举袁世凯为内阁总理大臣。5天后，袁世凯进京组建内阁，迫使摄政王载沣退居藩邸，同时命令攻占汉口的北洋军继续进攻。11月27日北洋军攻占汉阳，威胁武昌。

袁世凯大权在握之后，开始重新掂量时局的轻重。在他看来，仅靠武力镇压革命党人并不能取得最后的胜利。他决定对革命派采取既打亦拉的策略。

12月2日，革命派江浙联军攻克南京，击败清军。随后，各省军政府都督齐聚南京，召开第一次联合会。袁世凯随即对南方进行"和平"试探。

这时，各国公使也开始出面调停。起初，英、德、日、美等国均保持中立。但是，武昌起义后，各国为了维护在中国的利益，曾表示要武力助清政府平息"叛乱",并且极力支持清政府放权、重用袁世凯。当袁世凯有意停战和谈时,英国驻华公使就联络各国使团,出面斡旋调停。

袁世凯发出的议和信息得到了革命派的积极回应,南京与会代表也决定拉拢袁世凯倒戈,以避免过多的流血牺牲。

从12月17日至31日,袁世凯委派唐绍仪为和谈总代表南下,与各省军政府代表举行了五次议和会谈,史称"南北议和"。

会谈围绕着停战后在中国实行君主立宪还是实行民主共和问题争执不下。南方代表给袁世凯开出的议和承诺是:袁世凯只要能逼迫清廷退位,就推举他为共和国的"大总统"。

袁世凯还在犹豫之时,孙中山从海外回到上海。12月29日,孙中山以其崇高的威望被17省代表选举为临时政府大总统。1912年1月1日,孙中山在南京宣誓就职,宣告中华民国诞生。

这突如其来的变化令袁世凯大为恼火,尽管孙中山在当选之日致电袁世凯,表明自己只是"暂时承乏",只要袁世凯逼迫清廷退位,就辞职让位。但是,袁世凯并不相信孙中山的话,于是撤销唐绍仪的议和代表资格,并在孙中山宣誓就职当天公开表示,主张君主立宪,反对共和。

孙中山见袁世凯如此表态,便于1月11日宣布亲自督师北伐。北伐军兵分六路,13日,前锋部队在宿州打败清军攻下战略重镇徐州。这时,各国则公开表示支持袁世凯。而孙中山北伐的主张也遭到了革命党内及临时政府上层多数人的反对和非难,因为当各国表示支持袁世凯时，革命党内部担心再度引起外国武力入侵。内外压力之下，孙中山决定让步，再度正式表示："如果清朝皇帝退位，宣布共和，临时政府决不食言，文即可正式宣布解职，以功以能首推袁氏。"

在得到孙中山的再度承诺之后，袁世凯就开始逼迫清廷皇帝退位。袁世凯不想再错过机会，他早就急于坐上共和国大总统的宝座了，清朝内阁总理的位置他已经看不上眼了。

袁世凯上奏清朝廷，要求清朝政府筹集军饷1200万两，声称只有拿出这些钱才能平定大局。对已是一贫如洗的清廷国库来说，这是个天文数字。袁世凯同时授意驻俄公使陆征祥，联合清廷各驻外公使致电清朝皇室，要求清朝宣统皇帝退位。而这时，王公贵族们已经组成了"宗社党"，正全力阻止清帝退位。对此，袁世凯又以南方政权将优待清朝皇室的条件试探清廷的反应，同样遭到宗社党的反对。为了逼迫清朝皇帝尽早退位，袁世凯指使北洋文武官员联名请愿，反对帝制，赞成共和。1月26日，宗社党首领良弼在京被同盟会投弹炸死，宗社党遭到沉重的打击。

炸弹事件当日，袁世凯以段祺瑞等人的名义发出通电，声称："共和国体，原以致君于尧舜，拯民于水火。乃因二三王公迭次阻挠，以至恩旨不颁，万民受困。现在全局威迫，四面楚歌，京津两地，暗杀制动党林立，稍疏防范，祸变即生。三年以来皇族之败坏在百忙之中罪实难数。事至今日，乃并皇太后皇上欲求一安富尊荣之典，四万万人欲求一生活之路而不见许，瑞等不忍宇内有此败类也……谨率全军将士入京，与王公剖陈利害，挥泪登车，昧死上达！"言外之意，清帝如果再不退位，北洋军就要攻打北京。

皇室宗亲们见大势已去，便四处逃散，有的逃亡青岛、旅顺，有的躲进了天津的外国租界。

1月29日，袁世凯再呈奏折，敦促清朝皇帝退位。这时已经没有谁再公开反对退位之事。2月3日，隆裕太后发布懿旨命袁世凯与南方谈判。

经过反复讨价还价，最终议定了对清朝廷的优待条件：清帝辞位后，尊号仍存不废，中华民国以待外国君主之礼相待；清帝岁用400万两，由中华民国拨给；清帝暂居宫禁，日后退居颐和园；禁卫军划入民国陆军序列，俸饷如旧，等等。

2月6日，南京临时参议院通过了《优待条例》。12日，隆裕太后携6岁的宣统皇帝溥仪在养心殿举行了清朝最后一次朝仪，颁发皇帝退位诏书。至此，延续了268年的大清王朝宣告结束，中国2000多年的君主专制时代走到了尽头。